Frank Kämmer
Lexikon der Wein-Irrtümer

SERIE PIPER

Zu diesem Buch

Nur Billigweine haben einen Schraubverschluss? Der Schwefel macht die Kopfschmerzen? Rotwein wird aus roten Trauben hergestellt? Die Welt des Weins ist eines der ergiebigsten Felder für Diskussionen unter Kennern und Liebhabern – und ein dankbares Terrain für populäre Irrtümer, Halbwahrheiten und Vorurteile. Frank Kämmer, erster deutscher »Master Sommelier« und Autor zahlreicher unterhaltsamer Bücher zum Thema Wein, hat sich die häufigsten und kuriosesten Wein-Irrtümer vorgenommen und erklärt anschaulich und mit Witz, wo vielleicht ein wenig Wahrheit im Weine liegt. Nicht, um Recht zu behalten, sondern weil sich mit der Tiefe der Erkenntnis auch die Tiefe des Genusses steigert. Frei nach dem alten Weingott Goethe: »Man schmeckt nur, was man weiß.«

Frank Kämmer, geboren 1968 in Ludwigsburg, wurde als erster deutscher Weinkellner zum »Master Sommelier« ernannt und ist Träger der »Trophée Ruinert« als bester Sommelier Deutschlands 1994/1995. Er ist im Stuttgarter Spitzenrestaurant »Délice« tätig und wurde 2002 als erster Deutscher in den »Circle of Wine Writers« unter dem Vorsitz von Hugh Johnson aufgenommen. Er veröffentlichte zahlreiche Bücher rund um das Thema Wein.

Frank Kämmer

Lexikon der Wein-Irrtümer

Piper München Zürich

Mehr über unsere Autoren und Bücher:
www.piper.de

Ungekürzte Taschenbuchausgabe
Piper Verlag GmbH, München
September 2008

unter dem Titel: »Kleines Lexikon der Wein-Irrtümer«
Umschlag: Büro Hamburg. Anja Grimm, Stefanie Levers
Bildredaktion: Büro Hamburg. Alke Bücking, Charlotte Wippermann
Umschlagfoto: Food-Collection/Strandperle Medien Services, Hamburg
Satz: Klaus Schneider
Papier: Munken Print von Arctic Paper Munkedals AB, Schweden
Druck und Bindung: CPI – Clausen & Bosse, Leck
Printed in Germany ISBN 978-3-492-25038-2

Inhalt

Vorwort

Die Zeiten, da Wein einfach nur ein schmackhaftes, alkoholhaltiges Getränk war, sind vorbei. Heute ist Wein ein Kulturgut, oder besser: ein Lifestyle-Artikel, der ein Mindestmaß an Basiswissen quasi verlangt, wenn man einigermaßen unbeschadet über das gesellschaftliche Parkett schreiten möchte. Das Dumme ist nur, dass das Thema dermaßen komplex und unübersichtlich ist, dass selbst die versiertesten Fachleute eher von einem Chaos als von einer Ordnung der Wahrheiten sprechen. Um nun aber trotzdem einen Überblick im Dschungel des Weinwissens zu bekommen, schlagen wir gerne grobe Schneisen durch das Dickicht und freuen uns, wenn wir der Unübersichtlichkeit mit einfachen Weisheiten Herr werden können. Leider nur sind die Weisheiten nicht immer auch Wahrheiten, sondern allzu oft Halbwahrheiten, Vorurteile oder schlicht Irrtümer. Keiner hat diesen Teil der Wahrheitsfindung so schön erklärt wie der alte Hegel. Für den Philosophen, der als Schwabe einem guten Tröpfchen sicher nicht abgeneigt war, war der Irrtum ein geradezu notwendiger Schritt auf dem Wege der Erkenntnis – erst mit zunehmendem Wissen wird die angenommene Wahrheit als Fehler entlarvt.

»Nur aus dem Irrtum geht die Wahrheit hervor, und hierin liegt die Versöhnung mit dem Irrtum und mit der Endlichkeit.«

Das ist vor allem deshalb ein so tröstlicher Ansatz, weil es ja immer ein wenig wehtut, wenn jemand unsere bisherigen Gewissheiten als Irrtümer bloßstellt. Eigentlich schade, dass wird das oft als »Besserwisserei« abtun, denn das Entlarven einer Annahme als Irrtum trägt ja gerade beim Wein meist nicht nur zu einer tieferen Erkenntnis, sondern oft auch zu einem gesteigerten Genuss bei.

Das Ziel dieses Buches ist also keineswegs auftrumpfende Besserwisserei, sondern die Steigerung des Genusses am Rebensaft durch einen etwas klareren Blick, etwas mehr Erkenntnis und etwas mehr Wahrheit. Wenn also die Lektüre mit mancher liebgewordenen Meinung aufräumt, so sei zum versöhnlichen Trost für den Abschiedsschmerz ein mindestens gleich großer Zuwachs an Weingenuss in Aussicht gestellt.

Und das ist doch ein schöner Anlass (oder Vorwand?), mit einem guten Gläschen anzustoßen!

Frank Kämmer

Aldi

Irrtum: **Der Aldi-Champagner stammt eigentlich aus einem berühmten Haus**

Eines muss man den Aldi-Brüdern lassen: Mit dem flächendeckenden, dauerhaften Angebot eines Champagners zum Preis von 19,99 DM (heute: 11,99 Euro) wurde die Nobelbrause in den 90ern quasi »demokratisiert«. Dafür, dass dieser Champagner aber trotz des Kampfpreises von ordentlicher Qualität ist, sorgen die strengen gesetzlichen Herstellungsvorschriften – die der Volks-Champagner genauso erfüllen muss wie die Nobelmarken. Das weitverbreitete Gerücht, der Aldi-Champagner stamme eigentlich aus der Überschussproduktion eines berühmten Hauses und könne sogar mit den renommierten Luxusmarken mithalten, ist aber leider falsch. Er bietet lediglich solide Basisqualität – nicht weniger, aber eben auch nicht mehr.

Der Aldi-Champagner wird in Deutschland unter den Markennamen »Vve. Monsigny« (im Süden) und »Vve. Durand« (im Norden) verkauft. Hierbei handelt es sich nicht um die Namen der Hersteller, sondern um reine Handelsmarken. Man erkennt dies an der Erzeugernummer auf dem Etikett: Steht ein »MA« für »Marque d'acheteur« davor, so handelt es sich um eine Handelsmarke. Aldi gibt also lediglich eine gewisse geschmackliche Linie vor und lässt den Champagner dann von verschiedenen Herstellern liefern. Unter diesen findet sich aber kein besonders renommiertes Haus, da diese gar nicht so günstig produzieren können.

Da nicht nur ein Produzent für den Aldi-Champagner verantwortlich ist, können unter demselben Etikett unterschiedliche Qualitäten auf dem Markt sein. Allerdings werden die Unterschiede sicher nicht allzu groß ausfallen.

Und wie steht es mit der immer wieder gehörten Geschichte, ein Aldi-Champagner sei in einer verdeckten Probe von Fachleuten besser bewertet worden als weitaus teurere Produkte? Zum einen muss man sich hier vor Verallgemeinerungen hüten, denn es gibt – wie aufgezeigt – nicht *den* Aldi-Champagner, sondern nur Lieferungen verschiedener Produzenten. Zum anderen gibt ein Verkostungsergebnis nicht nur Auskunft über die Qualität der Produkte, sondern auch über die der Verkostungsjury! Bleiben wir also auf dem Teppich: Der Aldi-Champagner ist ein seriös gemachtes Produkt zu einem mehr als günstigen Preis. Mit den teuren Spitzencuvées der großen Marken hat er aber nichts zu tun.

Amerikaner

Irrtum: **Die Amis haben keine Weinkultur**

Wir Deutschen neigen – wie wohl alle Völker – gerne dazu, andere Nationen mit Klischees zu belegen, wenn es um deren kulinarische Gewohnheiten geht. Gleichwohl sind wir selbst aber ziemlich irritiert, wenn wir als Bier trinkende Sauerkrautmampfer abgestempelt werden. Deshalb steht es uns sicher nicht schlecht zu Gesicht, wenn wir lieb gewonnene Klischees ab und zu auf ihren Wirklichkeitsgehalt abklopfen. Besonders verbreitet ist hierzulande ja die Vorstellung vom colasüchtigen und sich nur von Hamburgern ernährenden Ami, dem jegliche Weinkultur abgeht und der seinen Weiß- oder gar Rotwein gerne mit Eiswürfeln trinkt. Und tatsächlich: Der Pro-Kopf-Konsum von Wein bei den Amerikanern liegt im landesweiten Durchschnitt nur bei rund einem Drittel desjenigen der Deutschen, und es gibt Landstriche in den USA, wo der kundige Umgang mit Wein etwa so ausgeprägt ist wie die Kenntnisse der arabischen Sprache. Aber gibt es das denn bei uns nicht auch? In Sachen Weinkultur dürften sich Ostwestfalen und Mecklenburg-Vorpommern nicht sonderlich vom Mittleren Westen unterscheiden … Blickt man jedoch beispielsweise in die großen Städte an der Ostküste, so zeigt sich dort ein ganz anderes Bild und man versteht schnell, warum die USA – trotz der großen eigenen Weinerzeugung – nach Deutschland und England die drittgrößte Weinimportnation der Welt sind. Das Weinangebot der guten Restaurants

→ Engländer und Japaner

und Fachgeschäfte von New York, Boston oder Chicago kann locker mit dem jeder europäischen Großstadt mithalten. Fast noch deutlicher zeigt sich dies an der Westküste – sicherlich auch deshalb, weil hier die großen Weinanbaugebiete liegen. In Kalifornien, Oregon und Washington ist Weinkultur genauso selbstverständlich wie im Rheinland, in Schwaben oder in Franken. Und wer schon einmal das Vergnügen hatte, eines der berühmten amerikanischen Anbaugebiete zu besuchen, der wird festgestellt haben, dass sich dort buchstäblich alles um den Rebensaft und dessen Genuss dreht. Kein Wunder also, dass zum Beispiel das Napa Valley mit seiner prosperierenden, vielfältigen Gastronomieszene Highlights wie die berühmte »French Laundry« hervorgebracht hat, die von vielen Kennern heute zu den besten Restaurants der Welt gezählt wird. Aber man findet dort eben auch typisch amerikanische, augenzwinkernde Varianten der Weinkultur wie einen klassischen Hamburger-Drive-in mit kenntnisreich zusammengestellter Weinkarte!

Einer der spannendsten Hot Spots für Wein ist derzeit aber die Zockerstadt Las Vegas in der Wüste von Nevada. Was die Anzahl herausragend sortierter Restaurant-Weinkeller angeht, können hier wohl nur noch Paris und London mithalten, und es gibt derzeit wohl keine andere Stadt auf der Welt, in der Abend für Abend eine solche Menge von Weinen der absoluten High-End-Klasse geöffnet wird.

Wem das alles noch nicht reicht, um das gewohnte Klischee vom Ami ohne Weinkultur etwas zu korrigieren, der sollte sich vergegenwärtigen, dass das mit großem Abstand weltweit auflagenstärkste Weinmagazin, der *Wine Spectator*, ebenso aus den USA stammt wie der derzeit einflussreichste Weinkritiker Robert Parker. Und dieser hatte schon vor über 200 Jahren einen berühmten Vorgänger: Er stammte aus Virginia, war zunächst als Botschafter in Frankreich tätig und gilt heute als einer der größten Weinkenner des ausgehenden 18. Jahrhunderts: Thomas Jefferson, der Verfasser der amerikanischen Unabhängigkeitserklärung und dritte Präsident der USA.

Zum Schluss noch einmal zurück zu den Eiswürfeln: Es gibt tatsächlich Amerikaner, die sich ein Erfrischungsgetränk aus Weißwein, Sodawasser und Eiswürfeln bereiten, man nennt das dann »Wine Cooler«. Das mag man als kulturlos bezeichnen, aber wo bitte ist da der Unterschied zur bei uns im Sommer allseits beliebten Schorle?

Analysewerte

Irrtum: **Die Analysewerte beschreiben den Geschmack des Weins**

Eine Zeitlang war es in Deutschland Mode, neben dem obligaten Alkoholgehalt auch die Gesamtsäure und den Restzucker auf dem Etikett zu vermerken. Diese fragwürdige Praxis ist – Bacchus sei Dank – zwar weitgehend wieder verschwunden, aber auf den Preislisten einiger Winzer taucht diese

Angabe noch immer auf. Was man auf den ersten Blick für eine lobenswerte Offenheit des Weinmachers halten könnte, führt bei genauerer Betrachtung oft auf den Holzweg. Denn es ist ein großer Irrtum zu glauben, anhand der Analysewerte lasse sich der tatsächliche Geschmack des Weins beschreiben. So muss ein Wein, der über eine – analytisch gesehen – hohe Säuremenge verfügt, nicht auch wirklich »sauer« schmecken. Diese Zahl lässt nämlich zwei für den Geschmack des Weins entscheidende Aspekte völlig außer Acht. So sagt die Angabe der Säuremenge zum einen nichts über die Höhe des pH-Werts, zum anderen wird nicht angegeben, um welche Zusammensetzung der verschiedenen Säuren des Weins es sich handelt; und da bestehen riesige Unterschiede, beispielsweise zwischen der milden Milchsäure und der knackigen Apfelsäure.

➛ Weinsäure

Ähnliches gilt für die Angabe des Restzuckergehalts. Die beiden natürlicherweise im Wein vorkommenden Zuckerarten, Glucose und Fructose, können zwar durchaus ausgewogen sein, häufig hat aber die Fructose einen deutlich größeren Anteil, manchmal kann es sogar sein, dass nur noch diese allein vertreten ist. Macht man sich klar, dass die Fructose eine deutlich höhere Süßkraft hat als die Glucose, wird deutlich, dass anhand der bloßen Restzuckerangabe und ohne Kenntnis des Verhältnisses der beiden Zuckerarten keine Aussage über die tatsächlich schmeckbare Süße des Weins möglich ist.

➛ Traubenzucker

Doch selbst wenn man diese schwerwiegenden Einsprüche großzügig ignorieren würde: Eine

Beschreibung des tatsächlichen Weingeschmacks auf der Grundlage dieser Werte käme trotzdem einem vagen Tasten im Dunkeln gleich. Denn beide sensorischen Eindrücke, Süße und Säure, nehmen erheblichen Einfluss aufeinander und können gar nicht isoliert betrachtet werden. So wird ein säurearmer, weicher Chardonnay mit sechs Gramm Restzucker je Liter bereits deutlich »lieblich« schmecken, während ein frischer Riesling mit seiner rassigen Säure bei gleichem Restzuckergehalt immer noch trocken, ja sogar fast »herb« erscheinen kann. Darüber hinaus dürfen die angegebenen Eigenschaften des Weins auch deshalb nicht als absolut angesehen werden, weil sie sich auf den Zeitpunkt der Abfüllung beziehen und sich im Laufe der Flaschenreifung durchaus verändern können.

Übrigens: Auch die Alkohol-Angaben sollten nicht allzu genau genommen werden. Denn dessen Gehalt darf dem Weinrecht nach nur in 0,5-Prozent-Schritten angegeben werden. Die Winzer sind bei der Angabe des tatsächlichen Alkoholgehalts also gezwungen, auf- oder abzurunden – und das geschieht oft ziemlich willkürlich und großzügig.

Es wäre also ein Fehler, einen Wein im Voraus aufgrund seiner Analysewerte zu beurteilen; dies sollte stets durch eine sensorische Einzelprüfung geschehen. Denn gute Weine sind komplexe Individuen, die sich nicht mittels ein paar weniger Parameter beschreiben lassen. Der verstorbene Graf Matuschka, einer der Grandseigneurs des deutschen Weins, prägte dazu einmal das Bild:

»Die Schönheit einer Frau beurteilt man ja auch nicht anhand ihrer Röntgenbilder.«

Appellation

Irrtum: **Chablis ist eine Rebsorte**

Die Frage, wie man einen Wein bezeichnet, mag auf den ersten Blick banal erscheinen. Bei genauerem Hinsehen erkennt man aber, dass es zwei völlig verschiedene Denkschulen gibt: Die eine konzentriert sich auf das, was in der Flasche drin ist, die andere darauf, woher der Inhalt stammt. Bei uns in Deutschland scheint sich derzeit eine deutliche Tendenz zur ersteren Sichtweise abzuzeichnen. Man trinkt einen Riesling, einen Pinot Grigio oder einen Rosé – es geht also darum, welche Rebsorte oder Weinart in der Flasche ist. Im Gegensatz dazu steht das traditionelle französische System der Appellationen, also der geschützten Herkunftsbezeichnungen: Hier steht die Herkunft im Vordergrund. Da nun aber beide Systeme nebeneinander auf dem Weinmarkt durchaus ihre feste Verwurzelung haben, kommt es immer wieder zu Verwechslungen und Irrtümern wie der Annahme, mit der Bezeichnung Chablis auf dem Etikett sei eine Rebsorte gemeint. Mit Ausnahme des – früher immer wieder einmal zu Deutschland gehörenden – Elsass ist es jedoch bei französischen AOC-Weinen (Appellation d'Origine Contrôllée) weitgehend unüblich, die Rebsorte zu nennen. Der geographische Ursprung alleine reicht aus, um den Wein zu bezeichnen. Dennoch ist es dabei natürlich keinesfalls der Willkür überlassen, welche Trauben für einen Wein verwendet werden, ganz im Gegenteil: Nirgendwo sonst ist die Traubensorte so streng definiert wie in diesem System, sie wird eben bloß nicht auf dem Etikett genannt. Eine Appellation bedeutet in diesem Sinn nicht nur eine geschützte Herkunftsbezeichnung, sondern auch einen definierten Weinstil einer Region. Anbaumethoden und Rebsorten sind für jede Appellation genau festgelegt. Beim Chablis wird die Rebsorte, der Chardonnay, also schon deshalb nicht genannt, weil es gar keinen Chablis geben kann, der nicht aus dieser Traube gekeltert wurde. Würde ein Winzer aus der Gemeinde Chablis auf die Idee kommen, hier Riesling-Reben anzubauen, so dürfte er den daraus gewonnenen Wein keinesfalls Chablis nennen, selbst wenn er in dieser Gemarkung gewachsen ist. (Darüber hinaus würde er für diese frevelhafte Tat wahrscheinlich von einem aufgebrachten Mob aus der Stadt gejagt werden.)

Hinter der Appellationsphilosophie steckt auch noch ein weiterer Gedanke, der mit dem für die Franzosen fast heiligen Wort »Terroir« zu tun hat. Demnach wird der Charakter eines Weins nicht nur durch die verwendeten Rebsorten, sondern ebenso durch die lokalen Eigenarten von Boden und Klima sowie die gewachsene Weinbautradition einer Region bestimmt. Die Rebsorte ist also nur ein Faktor von vielen, die den typischen Wein einer Appellation hervorbringen.

Die Inkongruenz von Rebsorte und Appellation hat ein berühmter burgundischer Weinmacher einmal einer Gruppe deutscher Winzer erklärt, die sein Weingut besuchten: Einer der Besucher stellte fest, der Winzer produziere Pinot Noir, und meinte damit jene Rebe, aus der rote Burgunder gekeltert werden. Der burgundische Weinbauer wies dies entrüstet zurück: »Ich produziere keinen Pinot Noir!«, ließ er seine verdutzten Gäste wissen, »ich produziere Gevery-Chambertin, Morey-St-Denis und Chambolle-Musigny! Der Pinot Noir ist nur eines der Werkzeuge hierfür.«

Barrique

Irrtum: **Der Barrique-Ausbau ist etwas Neumodisches**

Seit man auch in Deutschland vor ungefähr 20 Jahren wieder damit begonnen hat, besondere Weine in kleinen Eichenholzfässern mit rund 200 bis 300 Litern Inhalt auszubauen, ist das Wort »Barrique« für diese Gebinde jedem Weinkenner geläufig. Im strengeren Sinne ist dies aber nur für die Bordelaiser Form eines kleinen, relativ dünnwandigen Holzfasses mit 225 Litern Inhalt richtig – andere Regionen, in denen ähnliche Gebinde vorkommen, nutzen oft geringfügig andere Maße, Holzstärken und eben auch Bezeichnungen wie zum Beispiel »Pièce« im Burgund. Dennoch gilt der Begriff »Barriqueausbau« heute als Hinweis auf einen modernen, internationalen Ausbau schlechthin. Mit dem Barriquefass zog in viele Weinbauregionen der Welt ein neues, quasi globalisiertes Denken ein. Da dies aber von so manchen Traditionalisten unter den Weinmachern und Weinliebhabern mit Skepsis beobachtet wird, hat sich die Ansicht verbreitet, der Barrique-Ausbau sei etwas »Neumodisches«. Dies ist jedoch ein Trugschluss.

Grundsätzlich geht es um Folgendes: Lässt man einen Wein in einem kleineren Fass reifen, so nimmt das Holz deutlich stärker Einfluss, denn je kleiner das Fass, desto größer das Verhältnis von Oberfläche zum Inhalt. Im Barrique ausgebaute Weine nehmen also in ihrer Jugend deutlich mehr Aroma und Gerbstoffe aus dem Fass auf als solche, die in große Gebinde gefüllt werden. Im weiteren Verlauf des Ausbaus findet dann auch eine wesentlich stärkere Mikrooxidation durch die Poren des Eichenholzes statt. Solcherart ausgebaute Weine gewinnen dann zusätzlich an Charakter und Struktur, müssen aber länger in der Flasche reifen, um die Holzeinflüsse in sich aufzunehmen und zu harmonisieren. Zu jung getrunken, können sie sogar richtig »holzig« schmecken, was Gegner dieser Ausbauvariante gerne kritisieren. Zugegeben, heutzutage werden die meisten internationalen Rotweine, insbesondere auch die aus der sogenannten »Neuen Welt«, in diesem Stil erzeugt. Damit geht dann manchmal auch die Ersetzung althergebrachter Usancen einher. Neumodisch wird dieser Ausbau dadurch aber noch lange nicht, reichen seine Wurzeln doch Jahrhunderte zurück. Im Zuge des zunehmenden internationalen Weinhandels im 16. Jahrhundert wurden nämlich immer häufiger kleinere, insbesondere für den Seeweg leichter zu handhabende Gebinde verwendet. So gewannen auch für Bordeaux, das seit jeher zum großen Teil vom Seehandel abhängig war, diese kleinen Fässer immer mehr an Bedeutung. Wein wurde damals nämlich keinesfalls, wie heute üblich, in Flaschen, sondern überwiegend im Fass verkauft und erst am Heimatort des Käufers abgefüllt. Die kleineren, schlanken und vor allem auch rollbaren Fässer erwiesen sich hierfür offenbar als ideal – und als Nebeneffekt stellte man dann fest, dass die Weine in ihnen eine besonders gute Reifeentwicklung nahmen. Bis zum Ende des 18. Jahrhunderts hatte dann das Barrique das bis dahin im Bordeaux als Transport- und Lagerfass übliche »Tonneau« mit meist rund 1000 Litern Inhalt fast völlig verdrängt. Noch heute ist der Ausbau eines wirklich großen Rotweins dieser Region ohne das Barrique undenkbar.

Im technologieverliebten Deutschland verfolgte man jedoch seit Mitte des 20. Jahrhunderts einen anderen Weg und versuchte mehr und mehr, den »antiquierten« Werkstoff Holz aus den Kellern zu verbannen und durch klinisch-reinen Edelstahl zu ersetzen. Dieser Trend ging dann vernünftigerweise wieder etwas zurück, und Mitte der 80er Jahre tauchten die ersten Barriques auch in deutschen Kellern wieder auf – bis heute nicht ganz unumstritten. Man kann tatsächlich lange darüber philosophieren, ob der Ausbau in solchen Fässern für unsere heimischen Weine das Ideale ist. Wer dabei aber das Argument anführt, diese »neue Mode« stehe im Gegensatz zur deutschen Weinbautradition, der befindet sich wortwörtlich auf dem Holzweg. Denn neben der langen Tradition der kleinen Fässer im Bordeaux oder Burgund wird gerne übersehen, dass diese auch in der Geschichte der deutschen Kellerwirtschaft keinesfalls unbekannt waren und früher nicht nur regen Gebrauch fanden, sondern auch große Anerkennung. Noch in den 30er Jahren des 20. Jahrhunderts vermerkte ein Standardwerk zum deutschen Wein: *»Bessere und schwerere Rotweine freilich werden in kleineren Fässern (200 bis 300 Liter) ausgebaut.«*

Bekömmlichkeit

Irrtum: **Bier auf Wein, das lass sein ...**

In einer Nation, die dem Rebensaft ebenso gerne wie dem Gerstensaft zuspricht, verwundert die Existenz einer Regel zum Genuss der beiden Getränke nicht. Der Satz »Bier auf Wein, das lass sein ...« ist fast schon zum allgemeinen Kulturgut geworden und wird gerade der heranwachsenden Jugend seit jeher gerne mit auf den Lebensweg gegeben. Am Gewicht der nüchternen Wahrheit dahinter ändert das jedoch nichts, denn dieses ist gleich null. Es gibt aus ernährungsphysiologischer Sicht keine Beweise dafür, dass die Reihenfolge, in der Bier und Wein getrunken werden, irgendeinen Einfluss auf deren Bekömmlichkeit haben könnte. Auch scheint es mehr als fraglich, dass das Phänomen der Unbekömmlichkeit von Bier auf Wein überhaupt existiert. So ist in anderen Ländern, in denen die beiden Getränke ebenfalls gerne im Wechsel und in nicht geringen Mengen die Kehlen hinabfließen, wie zum Beispiel in England oder Belgien, eine solche Regel völlig unbekannt und man stößt mit ihr nur auf ungläubiges Staunen.

Übrigens: Auch der oft gehörten Behauptung, das Durcheinandertrinken verschiedener Alkoholika sei besonders unbekömmlich, fehlt jegliche medizinische Grundlage. Vielleicht wird ja umgekehrt ein Schuh daraus: Wenn man an einem Abend viel durcheinander getrunken hat, dann geht dies ja meist mit einer entsprechenden Menge einher. Bevor man also die Schuld am Kater auf das *Was* – den eingenommenen Mix – schiebt, sollte man besser über das *Wie viel* nachdenken. Auch wenn es noch andere Gründe für einen dicken Kopf nach dem Genuss alkoholischer Getränke geben mag, so bleibt doch immer der Grundsatz: Die Menge macht's.

➛ Kopfschmerzen und
➛ Schwefel

Bordeaux

Irrtum: **Bordeaux ist zu teuer**

Die feinsten Gewächse des Bordelais, die Riege der Kultweine von Lafite bis Petrus, gelten heute als Inbegriff des vinologischen Luxus. Insbesondere im letzten Jahrzehnt sind die Preise für diese Tropfen geradezu explodiert, und für so manches Fläschlein wurden Summen aufgerufen, die Normalsterbliche sonst für eine Woche Halbpension auf Mallorca bezahlen. Die Bordeaux-Hausse an den internationalen Weinbörsen bescherte dem Anbaugebiet den Ruf, allgemein sehr teuer zu sein. Dabei wird aber gerne übersehen, dass jene Luxustropfen nur einen winzigen Teil der Produktion des Bordelais ausmachen. Die hochpreisige Weinwelt beschränkt sich nämlich auch im Bordeaux nur auf eine relativ übersichtliche Gruppe von vielleicht 100 der berühmtesten Chateaus. Das ist zwar nicht wenig, hält man sich aber die Rebfläche für Bordeaux-Weine vor Augen, die mit rund 100.000 Hektar in etwa der Gesamtrebfläche Deutschlands entspricht, dann wird schnell klar, dass es hier doch noch viel mehr geben muss als nur Luxusweine. Und tatsächlich: Das Bordelais ist und bleibt ein weltweit wohl einmaliger, fast unerschöpflicher Quell von Weinen mit herausragendem Preis-Leistungs-Verhältnis. Gerade in den etwas unbekannteren Appellationen abseits der Chateaus des Weinhochadels wie zum Beispiel Côtes de Castillon, Côtes de Blaye oder Côtes de Bourg findet man eine Fülle charaktervoller Rotweine, die sowohl von ihrem Anspruch als auch vom Preis her eher als »bürgerlich« denn als »mondän« zu bezeichnen sind und für deren Qualitätsniveau man andernorts, sei es in Italien, Spanien oder auch in der »Neuen Welt«, locker das Doppelte hinblättern müsste.

Champagner

Irrtum: **Champagner ist immer besser als Sekt**

In der allgemeinen Wertschätzung der Schaumweine gibt es eine klare Rangordnung: Ganz oben und quasi unantastbar thronend kommt der Champagner, ganz unten, geradezu plebejisch, steht der deutsche Sekt, und irgendwo dazwischen positioniert sich der spanische Cava. Die Annahme, der Champagner spiele per se immer in einer anderen Liga als der deutsche Sekt, ist aber ein Irrtum. Historisch gesehen bewegte sich der deutsche Sekt nämlich lange Zeit durchaus auf Augenhöhe mit seinem französischen Vetter. Vor allem in der Zeit zwischen dem deutschen Siegestaumel nach dem Deutsch-Französischen Krieg 1871 und der Katastrophe des ersten Weltkriegs wurden die großen deutschen Marken wie Kupferberg, Henkell, Kessler oder Deinhard, von denen die meisten heute noch existieren, in einem Atemzug mit den berühmten Champagnerhäusern genannt. Welche Wertschätzung die schäumenden Weine von Rhein, Neckar und Mosel damals genossen, mag man auch daran ablesen, dass Richard Wagner, obgleich selbst ein großer Freund des Champagners, auf das Gelingen der ersten Ring-Aufführung in Bayreuth 1876 mit »Söhnlein Rheingold« (!) anstoßen ließ.

Nach dem Zweiten Weltkrieg verloren die deutschen Sekte dann zwar tatsächlich einiges an Prestige, überließen den Premiumsektor weitgehend den Champagnerkellereien und konzentrierten sich eher auf den Massenmarkt. Doch gerade mit dem Aufkommen der ersten wirklich hochklassigen Winzersekte in den 80er und 90er Jahren strebte man auch in Deutschland wieder in die Oberklasse. So gibt es heute durchaus zahlreiche mit großem Ehrgeiz und handwerklicher Kunstfertigkeit hergestellte Sekte, die zwar kein Champagner sind – denn ein Produkt von solch eindeutiger regionaler Prägung kann und soll man schließlich nicht nachmachen –, die aber durchaus dessen Qualitätsniveau erreichen. Solche Produkte sind dann freilich nicht billig, im Vergleich zum Champagner aber oft erschwinglicher. Deshalb sollte man in Hinblick auf die vielen, ach so beliebten Billigchampagner also durchaus überlegen, ob man mit einem deutschen High-End-Sekt nicht ein besseres Preis-Leistungs-Verhältnis in der Flasche hat. Das Prestige des Namens Champagner kann man auf diese Weise zwar nicht erwerben, aber Prestige kann man eben auch nicht trinken.

Chaptalisation

Irrtum: **Böse Winzer schütten Zucker in den Most**

Es geht das Gerücht durchs Land, nicht wenige Winzer schütteten doch tatsächlich Zucker in ihren Most, um diesen zu verbessern. Und das Unfassbare an diesem Gerücht ist: Es ist auch noch wahr! Der Irrtum liegt jedoch darin zu glauben, die Winzer, die so etwas tun, seien böse Gesellen mit betrügerischen Absichten. Denn dieses Verfahren der »Anreicherung«, wie es im Deutschen heißt, während die Franzosen elegant von der »Chaptalisation« sprechen, ist in fast allen Anbaugebieten und Weinländern mit gemäßigtem bis moderatem Klima, wie es zum Beispiel in Mitteleuropa herrscht, eine absolute Selbstverständlichkeit. Die ursprüngliche Methode der Mostanreicherung wurde in Deutschland zur Mitte des 19. Jahrhunderts von Ludwig Gall eingeführt und fand auch in Frankreich durch die Befürwortung und Förderung des berühmten Chemikers, Universalgelehrten und Staatsmanns Jean-Antoine Chaptal (daher der französische Name) schnell weite Verbreitung. Das Prinzip ist denkbar einfach: Wenn in kühlen Anbaugebieten oder schlechten Jahrgängen der von der Traube auf natürlichem Weg gebildete Zucker nicht ausreicht, um im späteren Wein einen angemessen Alkoholgehalt zu erzeugen, dann ersetzt man dieses Defizit einfach durch die Zugabe von Zucker aus anderen Quellen. Heutzutage ist dafür ausschließlich die Saccharose zugelassen, also schlichter Haushalts-

→ Traubenzucker und Oechsle

zucker, den wir uns auch in den Kaffee rühren. Als Alternative hierzu ist jedoch auch das sogenannte rektifizierte Traubenmostkonzentrat erlaubt, mit dem die Europäische Union versucht, Überschüsse der Weintraubenproduktion südlicher Mitgliedsländer sinnvoll in den nördlicheren Anbaugebieten zu verwerten (was allerdings bei den Winzern aus Furcht vor geschmacklicher Beeinträchtigung – anders als beim »reinen« Zucker – nicht auf besondere Gegenliebe trifft).

Um den Vorgang richtig zu verstehen, gilt es zu beachten, dass diese Anreicherung keinesfalls etwas mit der Süße des fertigen Weins zu tun hat. Ganz im Gegenteil: Der Zucker soll ja gerade nicht im Wein verbleiben, sondern während der Gärung in Alkohol umgewandelt werden. Auch darf man keinesfalls schließen, angereicherte Moste ergäben Weine von minderer Qualität. Denn selbst bei den berühmtesten Gewächsen aus Burgund oder Bordeaux ist die Chaptalisation Usus. Doch diese Art der Verbesserung des potenziellen Alkoholgehalts im Most hat natürlich ihre Grenzen, und man kann und darf damit aus grünen, unreifen Trauben keinen Blockbuster-Wein erzeugen. Der Gesetzgeber erlaubt in deutschen Breiten fast überall nur eine maximale Erhöhung des potenziellen Alkoholgehalts um 3,5 Volumenprozent. Für Regionen wie Baden, Elsass oder Österreich sind 2,5 Prozent und für Bordeaux und Burgund üblicherweise nur 2 Prozent zugelassen. In besonders warmen Anbaugebieten wie in Südfrankreich oder Süditalien ist die Chaptalisation sogar völlig verboten; Ähnliches gilt auch in Übersee wie zum Beispiel in Australien.

Für die sogenannten Prädikatsweine vom Kabinett an aufwärts ist die Anreicherung in Deutschland und Österreich aber strikt verboten. Denn die Einstufung dieser Weine definiert sich ja gerade nach dem natürlichen potenziellen Alkoholgehalt. Nur soweit es diese Weine betrifft, wären also tatsächlich böse Winzer am Werk, würden sie zur Verbesserung des Mosts Zucker hinzufügen.

→ Prädikatswein

Dekantieren

Irrtum: **Die Kerze wärmt den Wein beim Dekantieren**

Weinliebhaber, die auch in Spitzenrestaurants verkehren, kennen das Ritual: Nachdem eine Flasche Bordeaux, Barolo oder Rioja bestellt wurde, kommt der Sommelier mit einer Kristallkaraffe zum Tisch und beginnt den Rotwein sorgsam umzugießen, oder – wie man in der Fachsprache sagt – zu dekantieren. Während dieses Vorgangs hält der Weinkellner den Flaschenhals meist über eine Kerze, woraus häufig geschlossen wird, der zu kalte Wein solle hierdurch leicht chambriert und somit auf »Betriebstemperatur« gebracht werden. Ein solches Anwärmen mit direktem Feuer wäre jedoch nicht nur ziemlich ruinös für den edlen Tropfen, sondern angesichts der heutzutage weithin üblichen klimatisierten Wein-Schränke in den Restaurants auch ziemlich archaisch. Der eigentliche Grund für die Kerze ist vielmehr der, dass der Sommelier gut sehen muss, was er tut. Denn ein Rotwein wird nicht zuletzt deshalb dekantiert, um ihn von einem eventuell in der Flasche gebildeten Bodensatz zu befreien. Dieser wird in der Fachsprache Depot genannt und entsteht häufig bei gereiften, kraftvollen Rotweinen, die in ihrer Jugend über eine satte Farbe oder eine kräftige Gerbsäure verfügten. Während nun ein solcher Wein langsam und mit viel Gefühl in die Karaffe umgegossen wird, sieht der Weinkellner von oben durch die Schulter der Flasche in den Lichtschein der Kerze und kann dadurch rechtzeitig erkennen, wie sich der trübe Bodensatz gegen Ende des Umgießens langsam in Richtung Flaschenhals bewegt. Kurz bevor das Depot diesen erreicht, bricht der Kellner dann das Dekantieren ab und lässt einen (möglichst kleinen) trüben Rest in der Flasche zurück. Das Ganze würde zwar auch mit dem Licht einer Taschenlampe funktionieren, aber das sieht natürlich lange nicht so elegant und stilvoll aus …

Übrigens: Neben diesem Trennen des Weins vom Sediment gibt es noch weitere Gründe für dieses manchmal etwas theatralisch wirkende Ritual des Dekantierens – um aber einem weiteren Irrtum vorzubeugen: Darum, eine Show für den Besteller eines etwas teureren Weins im Restaurant aufzuführen, geht es nicht.

→ Luft

Dessertweine

Irrtum: **Auch trockene Weine passen zum Dessert, wenn sie nur fruchtig sind**

Die Lehre der Harmonie von Speise und Wein mag für so manchen ein Buch mit sieben Siegeln sein, und schnell ist dann der Satz zur Hand, dass »erlaubt ist, was schmeckt«. Das stimmt zwar, nur ist das, was schmeckt, eben nicht dem Zufall überlassen, sondern in seiner Basis ziemlich eindeutig physiologisch bestimmt. Ist man sich der – positiven oder negativen – Wechselwirkungen zwischen Wein und Speise bewusst, dann wird die Sache eigentlich ganz einfach. Der größte Fehler besteht darin, bei Harmonie zuerst an die Kombination von Aromen zu denken. Deshalb trifft man auch immer wieder auf die irrige Ansicht, fruchtige Weine passten gut zum Dessert – auch wenn diese trocken ausgebaut seien. Was dabei jedoch übersehen wird, ist, dass nicht das Aroma, sondern der Geschmack die grundlegende Basis für die Harmonie bildet. Ob also die Himbeernote des Weins zur Orangensauce des Gerichts passt, ist zunächst eher von untergeordneter Natur. Viel wichtiger ist, ob sich Säure und Süße vertragen. Und dazu gibt es eine ganz klare Regel: Das Essen darf nicht süßer sein als der Wein. Oder anders gesagt: Der Wein muss mindestens genauso süß sein wie das Essen. Trinkt man nämlich einen trockenen Wein zur Süßspeise, so wird dieser unglaublich säuerlich und karg, ja geradezu mostig wirken – ganz gleich, wie fruchtig sein Aroma auch sein mag. Mit einem lieblichen Wein wird eher ein Schuh daraus: Sein Geschmack und die Speise pendeln sich gegenseitig aus und somit kann das delikate Aroma noch besser hervortreten. Die Furcht, zu einem süßen Essen auch noch einen süßen Wein zu reichen, ist also völlig unbegründet. Ganz im Gegenteil, der Fehler liegt oft darin, dass der Wein zum Dessert nicht süß genug ist.

➛ Harmonie

Deutsche Weine

Irrtum: **Deutsche Weine sind meistens süß**

Eines der hartnäckigsten Vor- und Fehlurteile in der Weinwelt besagt, deutsche Weine seien meistens süß. Besonders traurig daran ist, dass die deutsche Weinszene sich diesen Ruf selbst eingebrockt hat.

Doch zunächst einmal zur Richtigstellung: Im Jahr 2004 wurden rund 57 Prozent aller deutschen Qualitätsweine trocken oder halbtrocken abgefüllt. Auch denen, die keine süßen Weine mögen, steht in Deutschland eine riesige Auswahl zur Verfügung. Der »Trocken-Anteil« wird sogar noch größer, steigt man ein wenig höher auf der Qualitätsleiter, denn gerade im Spitzenweinbereich ist natürlich auch in Deutschland der trockene Wein die Königsklasse (abgesehen natürlich vom Segment der hochfeinen edelsüßen Weine). Das eigentlich Interessante in diesem Zusammenhang ist aber die Frage, warum es in Deutschland überhaupt so eine große Rolle spielt, ob ein Wein trocken oder lieblich ist. Denn in keinem anderen Land wird derart leidenschaftlich über dieses Thema diskutiert und so hart voneinander geschieden wie bei uns: Entweder man ist ein »Trocken-Trinker« oder eben nicht. Das ist deshalb so verblüffend, weil in den meisten anderen klassischen Weinkulturländern zuerst einmal die Qualität im Vordergrund steht, unabhängig davon, ob ein Wein nun süß oder trocken ist. In Deutschland scheint man es hingegen oft schon für ein Qualitätsmerkmal an sich zu halten, wenn ein Wein trocken ist. Diese Ansicht hat historische Wurzeln und erschließt sich ein wenig aus der jüngeren deutschen Geschichte. So waren bis zur Mitte des 20. Jahrhunderts süße Weine in Deutschland sehr rar. Noch 1936 schreibt Karl Decker, einer der großen Weinexperten seiner Zeit: *»Deutsche Weine schmecken im Allgemeinen nicht süß (...) Die erwähnten Auslesen, die auch süß, oft sogar sehr süß sein können, sind nicht bloß selten, sondern auch teuer.«**

Die Entbehrungen des Zweiten Weltkriegs und der harten Nachkriegswinter schufen dann in den 50er Jahren jedoch ein Nahrungsmittelbewusstsein, in dem Sättigung und vor allem das Nachholbedürfnis eine zentrale Rolle spielten. Süße Lebensmittel wie zum Beispiel Schokolade und eben auch süßer Wein waren begehrt. Parallel zu dieser Nachfrage wurde es in dieser Zeit kellertechnisch immer einfacher, solche Weine zu erzeugen. Diese bewusst süßlich gehaltenen Tropfen waren jetzt um vieles günstiger als die bis dato gekelterten Weine mit natürlicher Restsüße, also hochgradige Auslesen. Der Luxus eines süßen Weins war nun auch für die breite Masse erschwinglich, trockene, vermeintlich »saure« Weine waren verpönt. Mittelfristig führte dies zu einer starken Diffusion der Qualitätsbegriffe, da dem Geschmackseindruck »süß« im Gesamtgefüge der Weine eine überproportionale Rolle beigemessen wurde, aber gerade diese Charakteristik mit geringem kellertechnischem Aufwand bei jedem noch so kleinen Wein erzeugt werden konnte.

Geradezu gefördert wurde diese Fehlentwicklung – an der auch die Erzeuger Schuld trugen, indem sie zu sehr der modischen Nachfrage folgten

* »Fein, fein schmeckt uns der Wein«, Union Deutsche Verlagsges., Berlin 1936, S.184

– schließlich durch das neue Weingesetz von 1971. Fortan begann die Demontage althergebrachter Qualitätsbegriffe wie beispielsweise Spätlese, denn nun konnten selbst die einfachsten Billigweine dieses Prädikat erhalten. Auch wenn man es lange nicht wahrhaben wollte (und es auch heute gewisse Kreise noch nicht einsehen): Der Begriff Spätlese wurde im Ausland, aber auch bei der nachwachsenden Weintrinker-Generation hierzulande mehr und mehr zum Synonym für billigen, süßlichen Massenwein.

Spätestens mit Beginn der 80er Jahre schlug dann die Stimmung radikal um. Durch die Fehlentwicklung der vorangegangenen Jahrzehnte wurde der Geschmackseindruck »süß« nun überproportional stark negativ bewertet, »süß« stand jetzt für mindere Qualität und »Spießertum«. Dies markierte den Beginn der »Trocken-Manie«. Der Weinliebhaber stand nun plötzlich unter dem gesellschaftlichen Zwang, seine Weine nach dem Motto »so trocken wie möglich« zu wählen, wenn er als »Kenner« gelten wollte – obwohl der eigentliche Kenner doch daran zu erkennen ist, dass er guten süßen Wein von schlechtem süßen Wein (oder eben guten trockenen Wein von schlechtem) zu scheiden vermag.

Doch im neuen Jahrtausend scheint sich ein Ende dieser Schlacht um das Goldene Kalb namens »Trocken-oder-lieblich« abzuzeichnen. Immer mehr Weinliebhaber erkennen, dass es beim Genuss des Rebensaftes fast nie um ein »Entweder-oder«, sondern fast immer um ein »Sowohl-als-auch« geht und dass viele deutsche Weine, egal ob nun trocken-rassig oder von feinster Süßebalance geprägt, das Prädikat »Weltklasse« gleichermaßen verdienen.

Deutsche Weissweine

Irrtum: Deutsche Weißweine sind sauer

Die Säure des Weins ist eine seiner wichtigsten Komponenten. Ohne sie würde der Wein flach und langweilig schmecken; im Englischen gibt es dafür den hübschen Ausdruck »flabby«. Weiterhin garantiert die natürliche Säure des Weins seine Lagerfähigkeit und trägt auch maßgeblich zu seiner Bekömmlichkeit und somit zu seiner Eignung als Essensbegleiter bei. Auch die geschmackliche Komplexität eines guten Weins liegt zu einem erheblichen Teil in der Vielfalt seiner Säuren. All diese wohltuenden Gaben verdanken wir der bemerkenswerten – und in diesem Maße bei kaum einer anderen Frucht existierenden – Eigenschaft der Weinrebe, in ihren Früchten auch bei voller Reife noch ein gewisses Maß an Säure zu bewahren. Wie hoch die Säure im Wein dann tatsächlich ist, hängt maßgeblich von drei Einflussfaktoren ab: den Wachstumsvoraussetzungen (Standort und Klima), der Rebsorte und nicht zuletzt dem Zutun des Menschen, zum Beispiel in Hinsicht auf die Wahl des Erntezeitpunkts oder der späteren Behandlung des Weins im Keller. Insbesondere die ersten beiden Punkte erklären, warum deutscher Wein eher aus der säurebetonten Ecke kommt: Die deutschen Anbaugebiete liegen überwiegend am nördlichen Rand jener Zone, in der kommerzieller Weinbau möglich ist. Und auch unser bestes Pferd im Stall, der Riesling, gilt als ausgesprochen säurebetonte Rebsorte. Ein typisches Merkmal vieler deutscher Weine ist sicherlich die rassige Balance von Frucht und Säure – eine Eigenschaft übrigens, für die die deutschen Winzer von vielen ihrer Kollegen, insbesondere aus wärmeren Regionen, sehr beneidet werden. Die Rasse deutscher Weine jedoch vereinfachend mit »sauer« gleichzusetzen, ist ein leider häufig geäußertes Fehl-urteil. Denn zum einen sagt die bloße Gesamtsäuremenge noch lange nichts darüber aus, wie sauer der Wein tatsächlich schmeckt. Die im Wein enthaltenen Säuren schmecken nämlich keinesfalls alle gleich. Insbesondere das Verhältnis der harten, »grünen« Apfelsäure zur aromatischen, eleganten Weinsäure ist hier wichtig. Dies ist zudem ein Faktor, den der Winzer durch niedrige Erträge, d. h. weniger, aber dafür reifere und gesündere Trauben pro Rebstock, und eine möglichst lange und gleichmäßige Reifeperiode durchaus beeinflussen kann. Zum anderen kann ein Wein nicht allein anhand der Säure, also ohne das Zusammenspiel der anderen Komponenten wie Süße, Frucht und Alkohol, wirklich beurteilt werden. Ein guter deutscher Riesling wird deshalb zwar stets von einer erfrischenden, säurebetonten Art sein, aber mit seiner subtilen, aromatischen Rasse und seiner Harmonie aller Komponenten keinesfalls nur plump »sauer«.

→ Analysewerte und Weinsäure

→ Analysewerte und Trocken

Und wer es trotz allem nicht so rassig mag, dem stehen mit den milderen Sorten wie Weiß- und Grauburgunder oder auch Silvaner durchaus Alternativen zur Verfügung. Dort ist die Frische des deutschen Weißweins oft in ein geradezu seidiges Kleid gehüllt, das auch dem empfindlichen Gaumen zu schmeicheln vermag, ohne ihn aber gleichzeitig zu langweilen.

Deutsche Rotweine

Irrtum: **Deutsche Rotweine taugen nichts**

Deutschland ist ein Weißweinland. Punkt. Niemand würde diesen ehernen Grundsatz ernsthaft in Frage stellen wollen. Hieraus jedoch den Umkehrschluss zu ziehen, deutsche Rotweine taugten nichts, wäre ein großer Fehler. Denn bei aller Freude über die bemerkenswerte Riesling-Renaissance der jüngeren Vergangenheit sollte man nicht übersehen, welche außergewöhnliche Entwicklung auch der deutsche Rotwein in den letzten zwei Jahrzehnten genommen hat. So können die feinsten deutschen Spätburgunder heute durchaus auch auf internationalem Parkett bestehen, und die kraftvollen, würzigen Rotweincuvées, wie sie vor allem in der Pfalz und in Württemberg erzeugt werden, entziehen dem Vorurteil vom dünnen, hellroten deutschen Weinchen schnell jeden Boden. Freilich, ein Château Latour oder ein Le Chambertin wird wohl nie in Deutschland wachsen. Aber ernsthafte Alternativen zu den üblichen europäischen Standardrotweinen wie Beaujolais, Dolcetto & Co. gibt es mittlerweile auch hierzulande auf breiter Front.

Dom Pérignon

Irrtum: **Dom Pérignon war der Erfinder des schäumenden Champagners**

Große Weine tragen häufig große Mythen mit sich herum. Und einer der größten Weine, der Champagner, hat konsequenterweise mit dem Leben und Schaffen des Mönchs Dom Pérignon einen der größten Mythen zu bieten. Gemeinhin wird behauptet, dieser klösterliche Kellermeister aus dem 17. Jahrhundert sei der Erfinder des schäumenden Champagners. Dies ist jedoch ein großer Irrtum – bei genauerer Betrachtung war er eher ein Champagner-Verhinderer. Unbestritten ist jedoch seine revolutionäre Leistung für die Champagne als Weinregion. Dom Pérignon wurde 1668 im Alter von 29 Jahren zum Schatz- und Kellermeister der Abtei Hautvillers unweit von Epernay in der Champagne berufen, deren Haupteinnahmequelle sich selbstverständlich dem Weinbau verdankte. Neben den eigenen Weinbergen des Klosters bewirtschafteten die Mönche auch noch den »Zehnten« einiger umliegender Gemeinden, so dass man über Weine von unterschiedlicher Qualität und Eigenart verfügte. Dom Pérignon gebührt nun das Verdienst, den Charakter unterschiedlicher Trauben und

Moste aus verschiedenen Herkünften genau studiert und daraus seine Schlüsse gezogen zu haben. Er entwickelte Richtlinien, wie durch die Wahl der Lagen und Rebsorten, den Anbau und die Verarbeitung der Qualitätsstandard des Weins erhöht werden konnte. Darüber hinaus entfaltete der Mönch ein bemerkenswertes Talent darin, Trauben und Moste so zu verschneiden, dass sich deren Charaktere gegenseitig ergänzten und somit eine höhere und vor allem konstantere Weinqualität erzielt werden konnte – dies ist bis heute einer der Schlüssel zur Erzeugung hochwertiger Champagner. Doch auch über den Ausbau und die Lagerung des fertigen Weins machte sich der Abt viele Gedanken. So vertrat er beispielsweise die Meinung, der feingliedrige Wein der Champagne solle frühzeitig auf Flaschen gefüllt werden, da er im Fass rasch seinen duftigen Charakter verliere. Diese Vorgehensweise hatte aber den Nachteil, dass die damals noch keinesfalls reinen und stabilen Weine auf der Flasche oft zu einer Nachgärung neigten, dabei Kohlensäure entwickelten und die Flaschen dadurch nicht selten zerplatzten. Dom Pérignon suchte deshalb nach Wegen, mittels richtigem Ernte- und Abfüllzeitpunkt sowie entsprechender Hygiene und Behandlung im Keller dieses Nachgären auf der Flasche, auf dem ja das Prinzip der Herstellung des schäumenden Champagners bis heute beruht, zu verhindern. Sein Ziel war, feine, stille Tischweine zu erzeugen, die mit den Gewächsen aus Burgund konkurrieren konnten, also gerade nicht jene sprudelnden Champagner, die wir heute kennen. In dieser Hinsicht war der Abt also geradezu

→ VERSCHNITT

das Gegenteil eines Champagner-Erfinders! Schäumende Champagner gab es zudem auch schon zu Dom Pérignons Zeiten, allerdings wurden sie nicht so sehr in Frankreich geschätzt als vielmehr in England. Bereits im Jahr 1663, also fünf Jahre bevor Dom Pérignon nach Hautvillers berufen wurde, war der »sparkling champagne« in London groß in Mode gekommen. Der Grund dafür liegt wahrscheinlich darin, dass die englischen Glashütten eine robustere Qualität erzeugten und der in England vom Fass in die dortigen Flaschen gefüllte Champagnerwein bei der Nachgärung zwar die begehrte Kohlensäure entwickelte, jedoch die Flaschen selbst nicht so häufig zum Platzen brachte. Die Engländer schätzten also den schäumenden Champagner schon viele Jahre bevor er sich dann auch in Frankreich durchzusetzen begann. Vielleicht ist also der Mythos von Dom Pérignon als dem Erfinder des schäumenden Champagners ja sogar ganz bewusst in die Welt gesetzt worden, um diese dem heutigen französischen Nationalgefühl nicht allzu schmeichelhafte historische Tatsache zu überdecken. Wie auch immer: Neben der Ehre, heute mit seinem Namen für eine der edelsten und teuersten Champagnermarken zu stehen, ist die unbestrittene Tatsache, der erste wirkliche Oenologe dieser Weinregion gewesen zu sein, ja immerhin auch eine bemerkenswerte Würdigung für den fleißigen Dom Pérignon.

➛ Engländer

Eiswein

Irrtum: **Über Eisweintrauben muss einmal der Frost gegangen sein**

Was das Renommee, die Qualität und nicht zuletzt auch den Preis angeht, kann man die feinsten deutschen und österreichischen edelsüßen Weine durchaus als »flüssiges Gold« bezeichnen. Um ihre Erzeugung und Geschichte ranken sich Mythen und Anekdoten, oft aber auch bloße Missverständnisse. Einer dieser Irrtümer besagt, dass über die Trauben, die zur Herstellung von Eiswein verwendet werden sollen, »einmal der Frost gegangen sein muss«. Natürlich liegt es angesichts der Weinbezeichnung nahe anzunehmen, Väterchen Frost habe hier irgendwie die Finger im Spiel. Dass er aber lediglich einmal vorbeischaut, genügt noch lange nicht, um diese Spezialität keltern zu können. Denn die hierfür vorgesehenen Trauben müssen nicht nur den Frost gesehen haben, sie müssen auch gänzlich gefroren geerntet und verarbeitet werden. Mindestens -7° C muss das Quecksilber zeigen, wenn man die kalte Mühe auf sich nehmen will. Deshalb geschieht die Eisweinlese meist kurz vor Sonnenaufgang, wenn üblicherweise die größte Kälte herrscht. Die dann an Glasmurmeln erinnernden gefrorenen Beeren werden nach dem Ernten sofort zur Kelter gebracht und gepresst. Hierbei ist größtes Fingerspitzengefühl vonnöten, da zu geringer Pressdruck keinen Tropfen aus der eisigen Frucht herausbringen würde, zu hoher Druck die Trauben hingegen zu schnell auftauen ließe. Der Clou beim Eiswein besteht nämlich darin, dass zwar das Wasser in den Beeren gefroren ist, die anderen Inhaltsstoffe, also Süße, Säure und Aromen, aber noch frei sind. Während der Kelterung wird das Wasser somit quasi zurückgehalten und nur der hochkonzentrierte Saft ausgepresst. Der so gewonnene Most hat nun ein Höchstmaß an Aroma und Süße. Er ist aber auch gleichzeitig der mit Abstand sauerste Traubensaft, den wir kennen, denn durch den frostigen Wasserentzug werden ja alle anderen Inhaltstoffe ebenfalls konzentriert, also natürlich auch die Säure. Ein guter Eiswein fasziniert deshalb mit der geradezu explosiven geschmacklichen Spannung zwischen sehr hoher Süße und sehr hoher Säure. Wenn man nun bedenkt, wie gering die Ausbeute ist und wie hoch das Risiko – manchmal müssen die Winzer bis in den Januar hinein warten, bis die Außentemperatur die vom Weingesetz geforderten -7°C erreicht –, dann relativiert sich der hohe Preis für diese außergewöhnlichen Kreszenzen schnell.

Es gibt aber auch Versuche, dieses Risiko mit einer schlichten Überlegung zu minimieren: Man könnte die Trauben ja einfach ganz normal ernten und dann in der Tiefkühltruhe einfrieren. Und tatsächlich: Einige Weingüter in Kalifornien praktizieren diese Methode bereits mit großem Erfolg. Für unser europäisches Verständnis scheint dies ein ziemlich respektloser Umgang mit den edlen Trauben zu sein – darüber hinaus ist diese Methode bei uns auch verboten –, aber die so gewonnenen Eisweine können durchaus von bemerkenswerter Qualität sein. Allerdings hat sich gezeigt, dass die Weine aus der Tiefkühltruhe in Bezug auf Lagerfähigkeit und Entwicklungspotenzial doch deutlich hinter ihren natürlichen Verwandten aus Europa zurückstehen. Ganz so einfach lassen sich Väterchen Frost und Mutter Natur also doch nicht überlisten.

Übrigens: Obwohl Eiswein als speziell deutsche und österreichische Spezialität gilt, ist der mengenmäßig größte Erzeuger derzeit Kanada.

→ Kanada

Engländer

Irrtum: **Die Engländer haben keine Ahnung von Wein**

→ Amerikaner und Japaner

Es gibt wohl kein Klischee , bei dem Vorurteil und Wahrheit so weit auseinander liegen wie bei jenem beliebten Bild vom Engländer, der keine Ahnung von der Weinwelt hat und der, wenn überhaupt, nur Liebfrauenmilch in sich hineinschüttet. In Wirklichkeit jedoch hat wohl kein Volk die Weinkultur so umfassend mitgeprägt wie die Engländer. Noch heute führt ein großer Teil der international renommiertesten Weinkenner und -autoren nicht

Paris, Berlin oder Rom in seiner Adresse, sondern eben London. »Aber die haben doch gar keinen Weinbau«, wird dann schnell eingewandt. Und obwohl das nicht ganz der Wahrheit entspricht, kann man ohne Bedenken zustimmen: Gerade *weil* die Briten keinen eigenen Weinbau hatten, nahmen sie als Handels- und Importnation so großen Einfluss auf viele berühmte Weinregionen der Welt. → Dom Pérignon Französischer Champagner, spanischer Sherry, portugiesischer Portwein – all diese großen Weine verdanken ihren heutigen Ruhm zu nicht geringem Teil den Engländern. Besonders deutlich wird dies im Bordeaux, das für viele Briten so etwas wie ihr »Hausweinbaugebiet« ist. Wer sich darüber wundert, sollte sich ins Gedächtnis rufen, dass dieser Landstrich nach der Hochzeit von Eleonore von Aquitanien mit Heinrich Plantagenet, dem späteren König Heinrich II., bis zum Ende des hundertjährigen Kriegs 1453, also 300 Jahre lang unter der Herrschaft Englands stand. In dieser Zeit blühte nicht nur das gesamte Anbaugebiet auf, es entwickelten sich auch jene engen Verknüpfungen über den Ärmelkanal hinweg, die noch heute Bestand haben. Ein Beispiel dafür, wie weit diese Liaison zwischen England und Bordeaux ging, erscheint uns heute als Selbstverständlichkeit: Dass man den Rebensaft unter dem Namen seines Weinguts, im → Appelation Bordeaux also meist des »Chateaus«, abfüllte, war nämlich bis ins 17. Jahrhundert hinein keinesfalls üblich. Bis dahin wurden die Weine lediglich grob nach Herkunft, gegebenenfalls noch mit dem Namen des Händlers oder Abfüllers gekennzeichnet. Erst um 1660 versah der Bürgermeister von

Bordeaux, Arnaud de Pontac, seinen Wein erstmals mit dem Namen seines Chateaus, nämlich Haut Brion – damals gedacht als Marketing-Gag für den Londoner Markt.

Bemerkenswert ist auch die große Zahl international renommierter Weinautoren aus England. Überfliegt man heute die Regale der Weinfachbücher, so fällt auf, dass dort deutsche und französische Namen eher in den Unterzahl sind, dafür aber umso häufiger englische Namen wie Sutcliffe, Robinson, Johnson oder Broadbent auf den Buchrücken stehen. Das informative Schreiben über den Wein hat nämlich gerade in England seit jeher eine besondere Bedeutung. In der Weinhandelsnation brauchte man schon immer einen breiten Überblick und ein weit gefächertes Wissen, schließlich hatte man es mit Produkten aus aller Herren Länder zu tun. In den klassischen Weinbauländern reichte es hingegen lange Zeit aus, wenn man sich nur mit den eigenen Gewächsen gut auskannte. Die Engländer hatten mit ihrem historisch gewachsenen Blick über den Rand des eigenen Glases hinaus also lange Zeit einen Vorsprung vor den übrigen europäischen Ländern. Von Unkenntnis in Bezug auf Wein kann also keine Rede sein.

Ertrag

Irrtum: **Für die Qualität kommt es auf den Mostertrag je Hektar an**

Das Mengen-Qualitäts-Prinzip ist ein weithin anerkanntes Dogma in der Weinwelt. Es besagt, dass ein niedrigerer Ernteertrag zu einer höheren Qualität führt. Als Maßstab wird manchmal der Traubenertrag verwendet, meist jedoch der Mostertrag in Hektoliter je Hektar Rebfläche. Eine niedrige Hektoliter-je-Hektar-Zahl gilt dann automatisch als Beweis für das Qualitätsstreben des Winzers. Der Kerngedanke des Mengen-Qualitäts-Prinzips lautet, dass ein Rebstock, der nur wenige Trauben hervorzubringen und zu versorgen hat, seine gesamte Kraft ausschließlich auf diese konzentrieren kann und nicht auf viele Früchte verteilen muss. Zwar ist der Gedanke an sich richtig – aus der Fixierung auf die Hektoliter-je-Hektar-Zahl entstehen jedoch gleich mehrere Irrtümer. So bleibt zum Beispiel die Stockdichte völlig unbeachtet, also die Anzahl der Pflanzen je Hektar, die abhängig von der Topographie und Anbautechnik stark schwankt. So hat man zum Beispiel in einem Weinberg mit 8000 Stöcken je Hektar bei 80 hl/ha einen niedrigeren Ertrag *pro Pflanze* als in einem Weinberg, der mit 4000 Stöcken bepflanzt ist und dessen scheinbar qualitätsorientierter Winzer mit einem Ertrag von »nur« 50 hl/ha wirbt. Im ersten Fall wäre nämlich der Stockertrag – und um den geht es ja eigentlich – 1 Liter, während es im zweiten Beispiel 1,25 Liter sind. Wenn also schon vom Ertrag die Rede ist, dann sollte man ehrlicherweise vom Ertrag *je Rebstock* sprechen.

Ein anderer Ansatz im Mengen-Qualitäts-Prinzip ist es übrigens, den Ertrag in Relation zur gesamten Oberfläche der Blattmasse, also zur sogenannten Assimilationsfläche zu stellen, da diese durch die Photosynthese für die Versorgung der Trauben verantwortlich ist.

Wer sich auf die Hektoliter-je-Hektar-Zahl beschränkt, ignoriert auch, wie viel Most aus den Trauben gepresst wurde. Mit zunehmendem Pressdruck nimmt nämlich die Qualität des Mosts deutlich ab. Wer also einen niedrigen Traubenertrag pro Hektar hat, diesen aber mit großem Druck auspresst, macht die Qualität schnell wieder zunichte.

Zum Schluss darf nicht vergessen werden, dass nicht alle Rebsorten gleichermaßen auf Ertragsreduzierung ansprechen und vor allem die Fruchtbarkeit der Böden eine nicht zu unterschätzende Rolle spielen kann. Gerade auf einem sehr »fetten«, ergiebigen Untergrund kann eine zu starke Reduzierung der Erträge dazu führen, dass die Rebe die zusätzliche Kraftreserve nicht in die verbleibenden Trauben, sondern ins Wachstum ihres Stamms steckt. Kurzum: Das Mengen-Qualitäts-Prinzip steht außer Frage. Es jedoch auf die Hektoliter-je-Hektar-Zahl zu reduzieren, führt schnell zu Fehleinschätzungen und reicht deshalb nicht aus. Wie so häufig beim Wein kommt es auf die Details an.

→ FRUCHTBARKEIT

Etikett

Irrtum: **Der Name auf dem Etikett ist der des Weinbauern**

Das Etikett ist der Personalausweis eines Weins, sagt man. Es jedoch auch als Geburtsurkunde anzusehen, führt manchmal zu falschen Schlüssen über die Elternschaft. Denn gemeinhin hält man den Namen auf dem Etikett für den des Erzeugers, also des Weinbauern selbst. Dies ist jedoch keinesfalls immer so. Die Vorstellung vom Winzer, der von der landwirtschaftlichen Gewinnung der Frucht in seinem Weinberg über die Verarbeitung der Trauben im eigenen Keller und die Abfüllung des Erzeugnisses in Flaschen alle Schritte der Erzeugung in eigener Hand behält, ist zwar romantisch, aber nicht unbedingt selbstverständlich. In der Realität sind vielmehr zahlreiche Weine auf dem Markt, bei denen die einzelnen Arbeitsschritte von verschiedenen Händen bzw. Maschinen an verschiedenen Orten ausgeführt werden. Auf den Etiketten solcher Weine erscheint dann der Name dessen, der als letzter Hand angelegt hat, in der Regel also der des Abfüllers. Es ist durchaus üblich, dass größere Kellereien Trauben, Moste oder sogar bereits fertige Fassweine aufkaufen, weiter ausbauen und dann unter eigenem Namen abfüllen. Vor allem viele Kleinstwinzer, die keiner Genossenschaft angehören und für die sich eine eigene Abfüllanlage oder ein eigener Verkauf nicht lohnen würde, vermarkten ihren Rebensaft auf diese Weise. Das heißt jedoch nicht, dass diese Weine von minderer Qualität sind. So gibt es in Burgund einige sehr renommierte Namen, hinter denen sich kein Winzer, sondern eben eine dort als »Négociant« bezeichnete Kellerei oder ein Handelshaus verbergen. Ähnliche, teilweise jahrhundertealte Systeme dieser Aufspaltung der Produktion in Traubenerzeuger und Traubenverarbeiter bzw. Abfüller findet man fast überall in der Weinwelt – ganz selbstverständlich zum Beispiel in Regionen wie dem Rioja oder dem Napa Valley, die für ihre Qualitäten weltberühmt sind. (Nebenbei bemerkt decken auch die großen und berühmten Champagnerfirmen ihren Bedarf oft nur zu einem geringeren Teil durch eigene Produktion und kaufen die Trauben bzw. den Most entsprechend bei kleineren Erzeugern → Aldi zu.)

In Deutschland werden die allermeisten hochwertigen Weine zwar nach wie vor im traditionellen Sinne aus einer Hand erzeugt, während die großen Kellereien sich eher auf die einfacheren Qualitäten konzentrieren, aber auch hier bestätigen Ausnahmen die Regel. So gibt es viele Winzer, deren eigene Produktion nicht ausreicht, um die Nachfrage zu befriedigen, und die dann bei Kollegen Trauben zukaufen, um diese neben (jedoch nicht gemeinsam mit!) den eigenen auszubauen. Wer wissen will, auf welche Art sein Schoppen zustande gekommen ist, der sollte bei deutschen Weinen auf die Worte »Erzeugerabfüllung« oder »Gutsabfüllung« achten. Diese Bezeichnungen sind nur dann zulässig, wenn tatsächlich eigene Trauben verar-beitet wurden. Und nur in diesem Fall darf dem Erzeugernamen auch das Wort »Weingut« vorangestellt werden. Wenn also ein Erzeuger, sagen wir mal Fritz Reblaus, sowohl eigene Trauben als auch zugekaufte verarbeitet, dann wird er zwei verschiedene Etiketten verwenden: Im ersteren Fall steht dann »Weingut Fritz Reblaus« auf der Flasche, im letzteren nur »Abfüller Fritz Reblaus«, oder, ein wenig missverständlich, »Weinhaus Fritz Reblaus«.

Übrigens: Weine aus genossenschaftlicher Produktion gelten, obwohl hier teilweise hunderte Winzer etwas zu einem Wein beitragen können, ebenfalls als Erzeugerabfüllungen.

Flecken

Irrtum: **Salz hilft gegen Rotweinflecken auf der Tischdecke**

Es muss ein Schock für Generationen von Weintrinkern sein, die nach dem Verschütten von Rotwein auf der weißen Tischdecke stets wie wild in die Küche zum Salzfass gerannt sind: Das hektische Salzen der Tischwäsche zum Zweck der Fleckminimierung hat keinerlei Wirkung. Seit 2001 ist das nun auch wissenschaftlich bewiesen. Die University of California in Davis hat unter den strengen Augen von Professor Andrew L. Waterhouse die Wirkung von Mitteln zur Entfernung von Rotweinflecken geprüft. Die Studie untersuchte die Effektivität von acht verschiedenen Fleckenreinigern, sowohl kommerziellen Substanzen als auch klassischen Hausmitteln, an vier verschiedenen Fasern: Baumwolle, Polyester-Baumwoll-Mischung, Seide und Nylon. Um sowohl die Wirkung auf frische als auch auf eingetrocknete Flecken festzustellen, wurden die Mittel zum einen zwei Minuten, zum anderen vierundzwanzig Stunden nach dem Beflecken des Stoffs mit Rotwein angewandt. Drei Stunden nach der Fleckbehandlung wurden die Textilien mit kaltem Wasser ausgewaschen, getrocknet und mit einem unbestechlichen optischen Messgerät auf die Farbintensität des verbliebenen Flecks untersucht. Fazit: Selbst unter den kommerziellen Fleckentfernern gibt es große Unterschiede in der Wirksamkeit, und nicht jedes Mittel reinigt jeden Stoff gleich gut. Eines aber zeigte sich besonders deutlich: Das Bestreuen des Flecks mit Salz bringt rein gar nichts. Dasselbe gilt übrigens für das fast ebenso weitverbreitete Hausmittel des Auswaschens mit Weißwein; lediglich bei Nylon konnte hier eine gewisse Wirkung festgestellt werden. Bei den anderen Textilien führte diese Methode sogar vereinzelt zu einer Verschlimmerung des Flecks. Als Testsieger erwies sich übrigens eine Mischung aus gleichen Teilen Flüssigseife und Wasserstoffperoxyd. Die Farbpigmente des Rotweins, hauptsächlich aus sogenannten Anthocyanen aufgebaut, reagieren nämlich äußerst empfindlich auf die Bleichwirkung des Peroxyds. Bemerkenswert dabei ist, dass die gewünschte Wirkung aber nur in der Mischung mit Seife zu erwarten ist.

Fruchtbarkeit

Irrtum: **Auf fruchtbaren Böden wachsen die besten Weine**

Eigentlich ist der Weinbau nur eine bestimmte Form der Landwirtschaft – wohl deshalb wird gerne angenommen, Begriffe wie Fruchtbarkeit und

Düngung hätten hier wie dort gleichermaßen Geltung. Die überraschende Wahrheit ist jedoch, dass die besten Weine der Welt gerade *nicht* auf den fruchtbarsten Böden wachsen. Auf sehr ergiebigem Untergrund, also solchem mit hohem Nährstoffgehalt und guter Wasserversorgung, gedeiht die Rebe zwar in besonderem Maße, doch ist das gerade nicht im Sinne der Winzer und Weinliebhaber. Man darf nicht vergessen, dass die Weinreben ursprünglich schmarotzende Kletterpflanzen waren, die sich an Bäumen emporrankten, um möglichst viel lebenspendendes Licht zu erhalten. Diese Triebkraft zügelt man im kultivierten Weinbau durch den Rebschnitt und zwingt die Pflanzen somit, ihre Kraft nicht in das Wachstum, sondern in die Trauben zu stecken. Und dieser erwünschte Effekt wird durch knappe Nährstoff- und Wasserversorgung verstärkt. Beim Weinbau ist also das Motto »Viel hilft viel« fehl am Platz, ganz im Gegenteil: »gerade so ausreichend« lautet die Zauberformel. Deshalb gehen qualitätsorientierte Winzer auch mit der Düngung äußerst vorsichtig und sparsam um; meist werden wichtige Nährstoffe wie Stickstoff sogar nur nach vorhergehender Bodenanalyse eingebracht, so dass nur einem eventuellen Mangel entgegengewirkt, keinesfalls aber ein Überangebot hergestellt wird. Ähnliches gilt für die Wasserversorgung. Ein schwerer, stark lehmhaltiger Boden, der gemeinhin als besonders fruchtbar gilt, kann Wasser gut an der Oberfläche speichern. »Gut für mich«, denkt sich da die Rebe, »da brauche ich keine tiefen Wurzeln auszubilden.« – »Schlecht für mich«, denkt sich aber der Winzer, denn es hat sich herausgestellt, dass gerade eine tiefe Verwurzelung eminent wichtig für die Aufnahme vielfältiger Mineralstoffe und Spurenelemente ist, was wiederum zu einem subtilen, komplexen Aroma des Weins führt. Deshalb achtet man heute besonders auf eine gute Drainage, also die Möglichkeit zum Wasserabzug aus dem Weinbergsboden. Rebstöcke, die so gezwungen werden, ihr Wasser in der Tiefe zu suchen (und das können durchaus bis zu 10 Meter sein), erzeugen weitaus feinere Tropfen als solche, die sich oberflächennah reichlich bedienen können. Insgesamt verwundert es also nicht, dass viele der besten Weine der Welt auf eher kargen und oft sehr steinigen Böden wachsen. Weder auf den mit groben Schieferfragmenten bedeckten und durchsetzten Böden des Moseltals noch auf dem stark mit Kiesschotter durchmischten Untergrund im Bordeaux könnte man mit Erfolg Kartoffeln ziehen – aber für großartige Weine ist diese spröde Fruchtbarkeit gerade recht.

Gewürztraminer

Irrtum: **Gewürztraminer und Co. sind Frauenweine**

Eigentlich ist es kaum zu glauben, dass selbst im aufgeklärten 21. Jahrhundert plumpe chauvinistische Klischees noch immer salonfähig sind. Doch wird im Zusammenhang mit Gewürztraminer und Co., also dem, was man auch als Bukettsorten bezeichnet, noch häufig die Ansicht vertreten, dies seien typische »Frauenweine«. Neben der an sich schon albernen Kategorisierung und Zuordnung von Geschmacksrichtungen zu Geschlechtern ist dies vor allem deshalb so abwegig, da hier quasi eine doppelte Diskriminierung geschieht. Denn bei dem Begriff »Frauenwein« schwingt ja immer ein wenig mit, dieser sei eher von vordergründiger »Tralala-Qualität« und daher von echten Männern nicht wirklich ernst zu nehmen. Und das ist nicht nur eine dumme Verachtung der Frauen und alberne Herabsetzung ihres sensorischen Horizonts, sondern gleichzeitig auch eine Demütigung dieser Weinsorten selbst.

Wer solcher Art aromatische Rebsorten von vornherein als zweitrangig abtut, zeigt sich auf jeden Fall nicht als Weinkenner. Und von einem Frauenkenner wollen wir erst gar nicht reden …

Griechische Weine

Irrtum: **Griechische Weißweine sind harzig, griechische Rotweine sind süß**

Wer griechischen Wein heute noch immer ausschließlich auf geharzten Retsina und klebrig-süßen Maphrodaphne reduziert, übersieht eine der spannendsten weinbaulichen Entwicklungen unserer Zeit. Das Land, das von der Antike ausgehend den Weinbau in Europa maßgeblich prägte, ist gerade dabei, sich als großer Geheimtipp selbst unter anspruchsvollen Kennern zu etablieren. Es gibt dort nämlich weitaus mehr zu entdecken als nur jene fragwürdigen Tropfen, mit denen man beim Griechen um die Ecke das Souvlaki hinunterspült. Die Winzer in Hellas haben mit ihren originellen, autochthonen Rebsorten vor allem zu den globalisierten Einheitsweinen aus Cabernet und Chardonnay eine interessante Alternative zu bieten. So verstanden es die Griechen in jüngster Zeit mehr und mehr, aus uralten einheimischen Sorten wie zum Beispiel Xinomavro oder Aghiorghitiko bei den Roten oder Assyrtiko und Moschofilero bei den Weißen moderne, zeitgemäße Weine von internationalem Niveau zu keltern. Doch auch mit französischen Trauben wie Viognier oder Merlot probieren die griechischen Winzer einiges aus. So erlebt man in den Weinhandlungen und Restaurants von London oder New York schon heute manche große Überraschung, wenn sich der duftige Weiße im Glas als Sauvignon Blanc aus Thrakien oder der charaktervolle Rote als Syrah vom Peloponnes herausstellt.

Grüner Veltliner

Irrtum: **Grüner Veltliner ist ein einfacher Südtiroler Zechwein**

Er galt lange Zeit als Inbegriff für Heurigen-Gemütlichkeit, Schrammel-Musik und Austria-Schmäh. Man löschte mit ihm den Durst auf Skihütten und trank ihn im *Wienerwald* zum Hendl – den Grünen Veltliner. Doch wer den aus dieser Rebsorte gekelterten Tropfen für nichts weiter als einen einfachen Zechwein hält, begeht einen großen Fehler und lässt sich einen der interessantesten Weine Europas entgehen. Mit der Renaissance des österreichischen Weins nach 1985 begann auch eine beispielhafte Erfolgsstory der wichtigsten Rebsorte der Alpenrepublik. War der Grüne Veltliner früher eher als rustikale Regionalspezialität bekannt, so hat er mittlerweile selbst in den USA zahlreiche Verehrer unter den Weinkennern gefunden, von denen er oft der Einfachheit halber schlicht »Gruner« genannt wird.

Die vielleicht bemerkenswerteste Eigenschaft dieser Rebsorte ist ihre Vielseitigkeit. Das Spektrum reicht vom herzhaften Tischwein, wie er noch häufig in den typisch österreichischen 2-Liter-Flaschen (»Doppler«) für den lokalen Konsum abgefüllt wird, über rassig-frische Sommerweine bis hin zu saftig-konzentrierten Kreszenzen, die mit ihrem Schmelz durchaus den großen Weißweinen Burgunds ebenbürtig sind. Fast immer wird diese Sorte heutzutage »trocken« und überaus bekömmlich ausgebaut, darüber hinaus sind auch hochklassige Beerenauslesen und Eisweine möglich.

Obwohl der Name des Veltliners auf eine ursprüngliche Heimat im oberitalienischen Veltlin zurückgehen könnte (das übrigens nicht, wie ebenfalls häufig falsch angenommen, in Südtirol, sondern in der Lombardei liegt), hat die Traube heute ihre mit Abstand weiteste Verbreitung in Österreich. Die Weinberge in näherer oder weiterer Entfernung zur Donau zwischen Melk und der Slowakischen Grenze sind das Stammland des Veltliners. Vor allem die Regionen Weinviertel, Krems- und Kamptal sowie Langenlois gelten als besonders prädestiniert.

Das internationale Flaggschiff ist aber nach wir vor die Wachau. Die in diesem Engtal der Donau gewachsenen Veltliner zählen, wenn sie der obersten Qualitätsstufe, den sogenannten »Smaragd-Weinen« angehören, mittlerweile zu den großen Weißweinen der Welt und verfügen nicht nur über einen bemerkenswerten Charakter und Tiefgang, sondern auch über eine gute Lagerfähigkeit. Solche Veltliner aus guten Jahrgängen können durchaus 15–20 Jahre alt werden und gewinnen dabei permanent an Komplexität. Nicht umsonst gelten sie inzwischen bei erfahrenen Connaisseurs als neue Kultweine. Wenn Hans Moser das noch hätte erleben dürfen …

Harmonie

Irrtum: **»Rotwein passt genauso gut zum Fisch ...**

... das sieht man heute nicht mehr so eng« – ein Satz, den man immer häufiger hört, dem aber ein substanzieller Irrtum zugrunde liegt. Denn hierbei schwingt stets die Überzeugung mit, Regeln, die empfehlen, was man zu welchem Gericht am besten trinken sollte, seien »nur« so etwas wie Anstandsregeln für den gesellschaftlichen Umgang, ganz im Sinne von »so etwas tut man aber nicht!«. Doch die Harmonie von Wein und Speise schert sich nicht um eine Art Knigge zum Umgang mit Wein, sondern schlicht darum, ob etwas schmeckt oder nicht. Deshalb gibt es auch gar kein gesellschaftliches Dogma, das man heute »nicht mehr so eng« sehen könnte. Wer seine Seezunge unbedingt mit einem Chianti hinunterspülen möchte (daran erkannte James Bond einmal den bösen russischen Agenten), der soll es ruhig tun, dadurch wird keine Benimmregel oder Etikette verletzt – ob diese Kombination allerdings besonders lecker schmeckt, steht auf einem anderen Blatt.

Jeder hat sicher schon einmal festgestellt, dass sich der Geschmack eines Weins verändern kann, wenn man ihn zum Essen trinkt, also tatsächlich nach ein paar Bissen auch einen Schluck über die Zunge laufen lässt. Interessant ist dabei, dass die Art und Weise, wie der Geschmack variiert, nach physiologisch vorbestimmten Bahnen, also quasi allgemeingültig abläuft. Wenn uns also trockener Wein nach dem Genuss einer süßen Speise plötzlich übermäßig sauer vorkommt, dann ist dies keineswegs nur ein von uns so empfundenes Phänomen, sondern geht auf den allgemeinen, stets wiederkehrenden Effekt zurück, dass die Zunge nach dem Genuss von Süßem die Wahrnehmung der Säure extrem überhöht. Diese und einige andere physiologisch bedingte Wechselwirkungen verschiedener Geschmackseindrücke bilden (oder sollten es zumindest, denn leider wird hier viel Unsinn erzählt) die Basis für die Regeln – oder besser Empfehlungen – zur Harmonie von Speise und Wein.

➛ Dessertweine

Übrigens: Es gibt tatsächlich viele Fischgerichte, die ganz hervorragend zum – richtig ausgewählten – Rotwein schmecken. Allerdings erfordert es schon ein wenig Erfahrung und Sensibilität, um hier den richtigen Tropfen zu finden. Denn gerade in diesem Bereich liegen Wohlgeschmack und Enttäuschung sehr eng beieinander. Das lässt sich zum Beispiel gut daran aufzeigen, dass ein leicht gekühlter Pinot Noir exzellent zu einem gegrillten Thunfischsteak passen kann, derselbe Wein in Verbindung mit Dosenthunfisch jedoch eine extrem fischig-metallische Geschmacksempfindung auf der Zunge hinterlässt.

Hochgewächs

Irrtum: **Ein Hochgewächs wächst in Höhenlagen**

Das deutsche Weinrecht bildet mit seinen unzähligen Bezeichnungen von »Ehrentrudis« bis »Badisch-Rotgold Trockenbeerenauslese« eine wahre Ansammlung »böhmischer Dörfer«. Mit dieser Unübersichtlichkeit haben nicht nur deutsche Weinliebhaber, sondern insbesondere auch die Freunde des deutschen Rebensafts im Ausland ihre Schwierigkeiten. Zwar sollten die verschiedenen Begriffe auf dem Etikett dem Verbraucher ursprünglich möglichst große Klarheit und Wahrheit sichern, mittlerweile wurde jedoch erkannt, dass der aus diesem Vorhaben entstandene Bezeichnungsdschungel bei der Vermarktung mehr als hinderlich ist. Deshalb werden immer wieder Versuche unternommen, den Durchblick beim deutschen Wein zu erhöhen – paradoxerweise durch das Hinzufügen weiterer Bezeichnungen. In jüngerer Zeit sind zum Beispiel die Begriffe »Selection« und »Classic« zusätzlich auf die Etiketten gekommen, in den 80er Jahren hat man es außerdem mit dem »Riesling-Hochgewächs« versucht. Dieser Begriff hat sich aber nur mäßig durchsetzen können. Das liegt wahrscheinlich auch daran, dass die abenteuerlichsten Annahmen darüber kursieren, was denn ein »Hochgewächs« eigentlich sei. Deshalb zur Ehrenrettung dieses Weintyps: Ein Hochgewächs stammt weder aus besonders hochgelegenen Weinbergen noch aus Rebanlagen, bei denen die Triebe besonders hoch gewachsen sind. Es geht hier schlicht und einfach um einen etwas besseren Qualitätswein der Sorte Riesling. Die Weinverordnung lässt uns hierzu wissen, dass ein solcher nur dann als »Riesling-Hochgewächs« bezeichnet werden darf, wenn er erstens *»ausschließlich aus Weintrauben der Rebsorte Riesling hergestellt worden ist«* – was keinesfalls selbstverständlich ist – und zweitens *»der zur Herstellung verwendete Most einen natürlichen Alkoholgehalt aufgewiesen hat, der mindestens 1,5 Volumenprozent über dem natürlichen Mindestalkoholgehalt liegt, der für das bestimmte Anbaugebiet oder dessen Teil vorgeschrieben ist, in dem die Weintrauben geerntet worden sind«*. Darüber hinaus muss er drittens *»in der amtlichen Qualitätsprüfung eine Qualitätszahl von mindestens 3,0«*, also das Doppelte der ansonsten in dieser Kategorie geforderten Note erreicht haben. Falls man ihm also überhaupt begegnet, darf man davon ausgehen, dass ein »Riesling-Hochgewächs« zwar ein etwas besserer, keinesfalls aber großer Alltagswein ist. Die Bezeichnung wirkt deshalb ein wenig hochtrabend. Dies zeigt sich vor allem vor dem geschichtlichen Hintergrund. Früher war dieser Begriff nämlich eine seltene und absoluten Spitzenweinen vorbehaltene Auszeichnung. So ließ das deutsche Weingesetz von 1930 in seinen Ausführungsbestimmungen den Begriff »Hochgewächs« nur für Beerenauslesen und Trockenbeerenauslesen zu, also das absolute High-End der Qualitätsleiter.

→ Sortenrein

Übrigens: Auch im Sektbereich ist die Bezeichnung »Hochgewächs« durchaus üblich, dort wird sie allerdings meist nur als Markenname ohne festgelegte Bedeutung verwendet.

Holz

Irrtum: **Mit Holzchips kann man Barrique-Weine ebenso gut machen**

Ein durchaus erwünschter Effekt des Ausbaus im Barrique, also im kleinen Eichenholzfass, ist, dass das Aroma des Weins dadurch mit den Vanille- und Lohe-Noten des Holzes bereichert wird. Nun fragen sich so manche Schlaumeier, ob das denn nicht billiger ginge und man statt der mühsamen und ausgesprochen teuren Verwendung der kleinen Fässchen einfach ein paar Holzstücke zum Aromatisieren in den Tank werfen könnte. Und tatsächlich, das Verfahren, mittels speziell dafür hergestellter Eichenholzspäne, sogenannter »Chips«, den Wein zu aromatisieren, ist in der »Neuen Welt« längst gang und gäbe. In der Europäischen Union sind diese »Chips« offiziell zwar noch nicht zugelassen (lediglich einige Winzer mit einer Ausnahmegenehmigung haben zu »Versuchszwecken« bereits damit experimentiert), es dürfte aber nicht mehr lange dauern, bis sich Brüssel dem Druck der heimischen Erzeuger beugt, die hier nicht ganz zu Unrecht Chancengleichheit mit ihren Konkurrenten aus Übersee fordern. Im Prinzip ist an diesem Verfahren auch nichts auszusetzen, schließlich bleibt die Herkunft der natürlichen Holzaromen im Wein dieselbe, und auch aus ökologischer Sicht ist die Sache gar nicht uninteressant: Denn man kann auf diese Weise mit derselben Menge Holz leicht zehnmal so viel Wein »veredeln«. Doch über eines muss man sich immer klar sein: Die Aromatisie-

→ Barrique

rung mittels Holz-Chips mag bei einfachen Konsumweinen durchaus funktionieren – die Hoffnung, dies sei auch bei hochwertigen Weinen möglich, ist jedoch ein Irrtum. Denn der Prozess der perfekten Barrique-Reifung ist sehr komplex und besteht nicht nur in der schlichten Aromatisierung durch das Holz. Insbesondere die langsame Atmung durch die Poren der Fassdauben, die sogenannte Mikrooxidation, lässt sich nicht abkürzen oder gar beschleunigen. Was also beim australischen Chardonnay aus dem Aldi-Regal durchaus Sinn hat, muss deshalb noch lange nicht auch für einen Puligny-Montrachet gelten. Wenn ein Wein nicht einfach bloß »gut« schmecken soll, sondern darüber hinaus Eigenschaften wie Komplexität, Persönlichkeit, Vitalität und Lagerfähigkeit mitbringen soll, dann ist man mit »Shortcuts« wie dem Gebrauch von Holz-Chips bisher noch immer buchstäblich auf dem Holzweg gelandet.

Jahrgang

Irrtum: Auf den Jahrgang kommt es an

Der Jahrgang eines Weins *kann* dessen Geschmacksbild wesentlich mitbestimmen, muss es jedoch keineswegs. Bei eher nördlicheren Weinregionen wie den meisten Gebieten Deutschlands, aber auch der Champagne oder der Loire-Gegend, kann sich der Unterschied zwischen einem kühlen und einem warmen Jahr zwar durchaus schmeckbar im Glas wiederfinden. Oft wird aber ein völlig unangemessener Rummel um die Jahrgänge gemacht – was mehr zur Verwirrung als zur Aufklärung der Weinliebhaber beiträgt. Die allseits aus dem Boden sprießenden Jahrgangsbewertungen protegieren nämlich nur die Spitzenjahre, wodurch scheinbar »kleine« Jahre diskriminiert werden: Denn wer trinkt schon gerne einen Wein in dem Bewusstsein, dieser Tropfen stamme aus einer Ernte, die ein vermeintlicher Experte als schlecht bezeichnet hat? So interessant diese Bewertungen also auch sein mögen – man sollte ihnen eine kritische Haltung entgegenbringen. Nur weil ein Wein aus einem schlechten Jahr stammt, muss er noch lange nicht schlecht sein, wenn er von einem seriösen Winzer hergestellt wurde. Auf der anderen Seite garantiert auch ein guter Jahrgang noch lange nicht, dass auch jeder Wein daraus überdurchschnittlich ist. Denn viel wichtiger als der Jahrgang ist stets der Erzeuger. So wird ein schlechter Winzer auch in einem Jahrhundertjahrgang nichts Ordentliches zustande bringen, während man bei einem gewissenhaften Weinmacher davon ausgehen kann, dass er auch unter eher widrigen Umständen seinen Rebstöcken noch etwas Schmackhaftes abgewinnt. Bei einfachen Konsumweinen kann man die Jahrgänge übrigens getrost ganz außer Acht lassen, da diese Weine in einem eher industriellen als handwerklichen Verfahren erzeugt werden. Hier sollte der Jahrgang lediglich als Hinweis auf das Alter der betreffenden Flasche angesehen werden.

Japaner

Irrtum: **Japaner mögen nur süße Weine**

Japan ist nach Großbritannien, den USA und den Niederlanden der viertwichtigste Importeur deutschen Weins. Trotzdem hält sich hierzulande, nicht selten sogar unter den Weinproduzenten selbst, die irrige Meinung, man könne im Land der aufgehenden Sonne vor allem mit einfachen, süßen Weinen trumpfen. Das geht auf ein großes Missverständnis zurück. Tatsächlich kamen zu Beginn des sogenannten 5. Weinbooms in Japan Mitte der 90er Jahre, als vor allem qualitativ hochwertige Weine gefragt waren, trockene deutsche Weine nicht wirklich zum Zug. Das hatte aber keinesfalls etwas mit einer Vorliebe der Söhne Nippons für besonders Süßes zu tun. Eher lag es daran, dass gerade der deutsche Riesling, wenn er denn knochentrocken ausgebaut ist, einer nicht über Jahrzehnte hinweg daran gewöhnten Zunge recht herb erscheinen kann. Und ein solches Extrem passt eben nicht so recht zur japanischen Geschmacksphilosophie, bei der Harmonie und Balance als oberste Grundsätze gelten. Wir haben in der Zeit des übertriebenen »Trocken-Booms« offenbar ganz vergessen, dass der bei uns positiv besetzte Begriff »herb« für andere Kulturkreise vielleicht eine Übertreibung darstellen könnte, die eben gerade *nicht* den Gipfel des Genusses markiert. Der radikale Umkehrschluss, der aus der Ablehnung des trockenen Weins gezogen wurde, es solle also besonders süß sein, ist aber ebenso extrem wie falsch und geht deshalb am Ziel vorbei. Welches Geschmacksbild in Japan wirklich gefragt ist, haben andere Weinländer offensichtlich schneller erkannt. So verkaufen Frankreich, Italien, Chile oder Australien dort mit großem Erfolg trockene Weine, die aber durch ausdrucksvolle Frucht und saftigen Körper wunderbar ausbalanciert sind.

➛ Deutsche Weine

Käse

Irrtum: **Zu Käse trinkt man Rotwein**

Ein besonders weitverbreiteter und hartnäckig verwurzelter Trugschluss im Umgang mit Wein lautet: Zu Käse passt Rotwein grundsätzlich am besten. Sicher, vor allem zusammen mit cremigen Weichkäsen wie Camembert oder Brie, aber auch mit milden, jungen, halbfesten Schnittkäsen wie Gouda oder Morbier, bildet der Rotwein ein quasi kulinarisches Dream-Team. Dies jedoch auf alle übrigen Sorten zu extrapolieren, kann schnell zu negativen sensorischen Erfahrungen führen, denn tatsächlich »funktionieren« schätzungsweise 40 Prozent der verbreiteten Käsearten mit einem Weißwein deutlich besser. Einige Käsesorten haben sich sogar als ausgesprochene »Rotweinkiller« erwiesen – eine Tatsache, die sicher jeder gerne bestätigen wird, der zum Beispiel einmal einen reifen elsässischen Münster mit einem Rotwein kombiniert hat: Das hinterlässt nämlich einen geradezu widerlichen, bitteren Nachgeschmack nach schlecht gelüftetem Kuhstall auf der Zunge. Mit einem kernigen weißen Gewürztraminer hingegen blüht der Münster zu einer wahren Delikatesse auf. Als ebenso weiß-

weintauglich gelten darüber hinaus fast alle Ziegenkäse, säurereiche Frisch- sowie würzige Hartkäse. Weißwein kann dem Roten zudem auch in Hinblick auf die Bekömmlichkeit deutlich überlegen sein. Zum einen weil der höhere Säuregehalt des Weißweins dabei hilft, das Fett und Eiweiß des Käses im Magen besser zu verdauen, zum anderen weil der oft höhere Gehalt an Histaminen (biogene Aminosäuren, die unter Umständen allergische
→ SCHWEFEL
Reaktionen auslösen können) gerade bei schweren Rotweinen die Wirkung der hochdosierten Histamine in bestimmten Käsesorten verstärken kann.

Übrigens: Gerade im Käseparadies Frankreich mit seiner schier unüberschaubaren Auswahl an leckeren Sorten funktioniert die Kombination von Käse und Wein aus derselben Region häufig am besten. Dies ist fast immer die geschmacklich harmonischste Lösung und führt oft zu überraschenden Konstellationen. So wird zu den Ziegencrottins des Loiretals ein frischer Sauvignon blanc der Region, beispielsweise ein Sancerre, sehr gut passen. Der burgundische Epoisses hingegen verlangt nach einem Gevrey-Chambertin, und der Comté aus der gleichnamigen Region Franche-Comté liebt einen würzigen Weißwein des Jura.

Kalorien

Irrtum: **Trockene Weine haben viel weniger Kalorien**

Als Argument gegen den Genuss restsüßer Weine werden manchmal deren hoher Zuckergehalt angeführt und die vielen Kalorien, die diese Weine somit aufweisen würden. Diese sehr vereinfachende Rechnung unterschlägt jedoch großzügig den Alkohol und seinen Brennwert. Wer beim Wein auf die Kalorien achten möchte, der sollte viel eher den Alkoholgehalt als die Süße im Auge haben. Denn auch wenn es auf den ersten Blick nicht so scheinen mag, hat zum Beispiel ein trockener Rotwein aus Chateauneuf-du-Pape mit seinen nicht selten 14 Prozent Alkohol einen wesentlich höheren Brennwert als ein süßes Kabinettchen von der Mosel.

Zwar haben 100 Gramm Zucker einen Brennwert von rund 410 Kilokalorien (kcal). Die gleiche Menge Alkohol kommt aber auf rund 710 kcal. Will man nun abschätzen, ob ein Wein besonders viele Kalorien hat, so sollte man sich stets vor Augen halten, dass im Wein vorhandener Zucker nichts anderes ist als potenzieller Alkohol. Über den Daumen lässt sich sagen, dass es kaum einen Unterschied in der Energiebilanz ausmacht, ob man den gleichen Wein trocken oder restsüß ausgebaut trinkt. Der restsüße Wein hat zwar einen höheren Zuckergehalt, dafür aber weniger Alkohol, weil ja gerade dieser Zucker nicht durch die Gärung in Ethanol umgewandelt wurde. So enthält zum Beispiel ein Liter typische süße Spätlese mit etwa 40 Gramm

➛ Prädikatswein

Restzucker und 9 Vol.-Prozent Alkohol ca. 71 Gramm Ethanol. Der Zucker liefert hier 164 kcal und der Alkohol 504 kcal. Ergibt zusammen 668 kcal. Würden wir diesen Wein nun völlig trocken ausbauen, also theoretisch den gesamten Zucker zu Ethanol vergären, so würden die 40 Gramm Restzucker den Alkoholgehalt nochmals um ca. 19 Gramm erhöhen, da aus einem Gramm Zucker üblicherweise etwa 0,47 Gramm Alkohol entstehen. In der Summe wären es dann 90 Gramm Alkohol mit einem Brennwert von insgesamt 639 kcal, also lediglich 29 kcal weniger. Trotz seiner 40 Gramm Restzucker hat der süße Wein somit also pro Glas (200 ml) nur einen um 5,8 kcal höheren Brennwert als der trockene. Der Unterschied entspricht gerade mal der Menge von 1,4 Gramm Zucker. Zum Vergleich: Ein Stückchen Würfelzucker wiegt mehr als das Doppelte – darauf kommt's nun wirklich nicht an ...

Übrigens: Solange es sich um mäßigen Weingenuss handelt, kann man die Sorge um die Figur getrost vergessen. Der Ernährungswissenschaftler Nicolai Worm wies in seinem überaus lesenswerten Buch »Täglich Wein« schon vor Jahren darauf hin, dass sich maßvolles, aber regelmäßiges Weintrinken, vor allem zum Essen, keineswegs auf den Bauchumfang auswirkt. *»Wenn überhaupt, dann sind es eher die hochprozentigen Alkoholika und Bier, die einen dicken, runden Bauch fördern«**, schloss der Diplom-Oekotrophologe aus einer groß angelegten Studie der Universität von North Carolina.

* »Täglich Wein«, Hallwag Verlag, Stuttgart/Bern, 1997

Kanada

Irrtum: **... da gibt's doch nur Eisbären**

Unser globaler Blick auf die Weinwelt unterteilt diese gerne grob in »klassische« Weinbauländer und solche, die wir eher als »Exoten« bezeichnen. Doch diese Dualität in unserer Wertschätzung ist glücklicherweise nicht starr und unterliegt manchmal durchaus raschen Veränderungen. So wurde man vor gerade einmal 15 Jahren für die Nennung des neuseeländischen Weinbaus bestenfalls belächelt – heute sind dessen fruchtig-rassige Sauvignons aus unseren Supermarktregalen jedoch nicht mehr wegzudenken. Andererseits gibt es auch Weinländer, denen der Aufstieg in unser vinologisches Gesichtsfeld deutlich schwerer fällt – möglicherweise deshalb, weil wir uns den dortigen Weinbau nur sehr schlecht vorstellen können. Ein typisches Beispiel hierfür ist Kanada, das wir spontan wahrscheinlich nur mit Eisbären und -hockey in Verbindung bringen, fälschlicherweise aber nicht mit feinen Weinen. Zugegeben, der moderne Weinbau auf breiter Basis ist in diesem Land noch recht jung, spätestens seit eineinhalb Jahrzehnten jedoch wert, nicht mehr übersehen zu werden. Das erste Weingut in der Nähe von Toronto wurde bereits 1811 gegründet. Dennoch dauerte es bis 1989, bis man wirklich von einem qualitativen Durchbruch sprechen konnte. In diesem Jahr trat das Freihandelsabkommen mit den USA in Kraft und die kanadischen Winzer konnten aufgrund der ihren Markt überschwemmenden Gewächse aus Kalifornien ihre mickrigen Tropfen nur noch schlecht verkaufen. In rasendem Tempo wurden deshalb die vergessenen Hausaufgaben nachgeholt, und so gibt es heute zahlreiche kanadische Weine, die mit denen des südlichen Nachbarn bereits sehr gut konkurrieren können. Wer sich den Weinanbau in Kanada nun aber angesichts der vermeintlichen Polarnähe des Landes schlicht klimamäßig nicht vorstellen kann, dem sei ein genauerer Blick auf den Globus geraten. Kanada besteht nämlich keinesfalls nur aus eisigen, nordischen Weiten. So liegt das größte Weinanbaugebiet des Landes (in Ontario) in etwa auf dem 47. Breitengrad, also auf derselben Höhe wie die Toskana. Im Okanagan-Tal in British Columbia, einem weiteren vielversprechenden Anbaugebiet, herrschen mit jährlich nur rund 30 mm Regen pro Quadratmeter, Klapperschlangen und Kakteen geradezu wüstenähnliche Bedingungen.

Mittlerweile werden in Kanada auf ca. 9000 Hektar Rebfläche jährlich rund 470.000 Hektoliter Wein erzeugt, wobei vor allem Sorten wie Pinot Noir, Chardonnay, Cabernet Sauvignon, aber auch in zunehmenden Maße Riesling, überaus verkostenswerte Produkte liefern. Einen ganz besonderen Ruf hat sich das Land aber mit einem Wein erarbeitet, der die frostigen Temperaturen genauso braucht, wie es die Eisbären tun: dem Eiswein.

→ Eiswein

Kopfschmerzen

Irrtum: Kopfschmerzen kommen vom Schwefel

Bei dieser Annahme handelt es sich eindeutig um einen Irrtum. Doch woher kommen dann die Kopfschmerzen und der Kater nach ausgiebiger Hingabe an den Rebensaft? Hier bieten sich mehrere Erklärungen an. Zum einen darf man nicht vergessen, dass Alkohol in größeren Mengen schlicht und einfach ein Zellgift ist, das mühelos auch die Blut-Hirn-Schranke durchdringt. Außerdem wirkt Alkohol dehydrierend, was neben dem trockenen Mund auch den Kopfschmerz am nächsten Morgen verursacht. Weiterhin enthalten viele alkoholische Getränke Acetaldehyd als natürliches Nebenprodukt der Gärung. Normalerweise baut der Körper diese Verbindung jedoch rasch zu Essigsäure ab. Bei übermäßiger Aufnahme – oder aber verminderter Leistung jenes Enzyms, das für den Abbau verantwortlich ist; diese genetische Veranlagung ist beispielsweise bei vielen Asiaten ausgeprägt – kommt der Körper mit der Umwandlung nicht nach und es entstehen die quälenden Kopfschmerzen. Bemerkenswert ist im Zusammenhang mit der Schwefel-Kopfschmerz-Behauptung übrigens die Tatsache, dass gerade der Schwefel dazu eingesetzt wird, das Wachstum jener Mikroorganismen im Wein zu unterdrücken, die Alkohol in Acetaldehyd verwandeln. Es kann also gut sein, dass gerade ein Wein mit zu wenig Schwefel unbekömmlicher ist als jener, der eine korrekte Dosierung erhalten hat!

→ Schwefel

Als weitere Verursacher des Brummschädels kommen die Histamine in Betracht. Diese sogenannten »biogenen Amine« entstehen bei jeder Vergärung, und auch hier hat der Körper normalerweise keinerlei Probleme mit dem Abbau. Man vermutet jedoch, dass die gleichzeitige Aufnahme von Alkohol den Abbauprozess von Histaminen verlangsamt und es somit zu allergischen Reaktionen kommen kann. Diese sind jedoch individuell höchst unterschiedlich ausgeprägt. Deshalb kann der eine von einem bestimmten Wein schon bei relativ geringer Menge Kopfschmerzen bekommen, während ein anderer diesen folgenlos literweise in sich hineinschütten kann. Übrigens: Auch viele andere Lebensmittel enthalten einen mehr oder minder großen Gehalt an Histaminen. Insbesondere Käsesorten wie beispielsweise Roquefort oder Gorgonzola stechen hier hervor. Wenn man also glaubt, von einem schweren Rotwein Kopfschmerzen bekommen zu haben, so sollte man vielleicht auch einen Gedanken darauf verwenden, ob der dazu gegessene Käse nicht mitverantwortlich gemacht werden muss.

Letztlich darf natürlich auch der Hinweis auf jene langkettigen Alkohole nicht fehlen, deren umgangssprachlicher Name »Fuselöle« geradezu sinnbildlich für Unbekömmlichkeit steht. Diese Substanzen findet man in etwas erhöhter Weise in sehr konzentrierten Weinen, besonders aber in Erzeugnissen aus mangelhafter Gärführung, unsauberem Lesegut oder unhygienischen Verhältnissen im Keller. Dass diese Weine dann häufig einen hohen Schwefelgehalt aufweisen, liegt auf der Hand:

Dieser wird gebraucht, um solcherart mangelhafte Tropfen überhaupt einigermaßen biologisch stabil auf die Flaschen zu bekommen. Dennoch ist nicht der Schwefel schuld an der Unbekömmlichkeit dieser minderwertigen Weine, sondern allein die schlampige Herstellung.

Zusammengefasst sei gesagt: Wer unbeschwert Wein trinken möchte, der sollte vor allem einen maßvollen Genuss pflegen und lieber einen hochwertigen Wein, dafür aber vielleicht ein Gläschen weniger zu sich nehmen. Weiterhin schadet viel frische Luft auch beim fröhlichen Zechen keinesfalls. Gerade der Alkoholgenuss in von Tabakrauch geschwängerter Raumluft gilt als besonders gefährlich: Die Kombination aus dem Zellgift Alkohol und dem Nervengift Nikotin ist eine Bombe, über deren Wirkung man sich nicht zu wundern braucht. Wenn man dann auch noch ein Auge auf die persönliche Reaktion auf Histamine hat und stets genügend Wasser nebenher trinkt, dürfte dem folgenlosen Weingenuss eigentlich nichts mehr im Wege stehen.

Korkfehler

Irrtum: **Korkfehler verfliegen mit der Zeit**

Der Korkschmecker ist ein leidiges, stets aufs Neue ärgerliches Problem – und er ist der häufigste individuelle Weinfehler. Man hat herausgefunden, dass in den allermeisten Fällen eine Pilzinfektion des verwendeten Korkmaterials die Schuld am schlechten Geschmack des Weins trägt. Im Zuge dieser Infektion entsteht eine 2,4,6-Trichloranisol (TCA) genannte Substanz, die für die menschlichen Sinne schon ab einer Konzentration von wenigen Milliardstel Gramm pro Liter als muffig-schimmeliger Ton schmeckbar ist. Entgegen mancher Vermutung verflüchtigt sich dieser Geschmack jedoch leider keinesfalls nach einiger Zeit. Es bringt also gar nichts, den Wein erst noch etwas »atmen« zu lassen oder gar zu dekantieren. Ganz im Gegenteil: Oft wird das »Aroma« des Korkschmeckers dadurch sogar noch intensiviert.

Dennoch kann es manchmal tatsächlich vorkommen, dass sich ein zunächst eher muffiger Wein nach einiger Zeit zu erholen scheint und klarer im Aroma wird. Dies hat dann allerdings nichts mit einem echten Korkfehler zu tun, sondern hängt mit einem vorschnellen Urteil zusammen. So wurde ein sich alsbald verflüchtigender Muff- oder Holzton, vielleicht sogar ein spezifisches Weinaroma, möglicherweise anfangs zu Unrecht als »Kork« gerügt. In Streitfällen hilft ein altbewährter Trick: Einfach den Probeschluck mit etwa gleich viel Wasser vermischen. Dadurch wird das Weinaroma verdünnt und ein echter Korkschmecker tritt deutlicher hervor.

Übrigens: Auch in alten, schlecht gepflegten Holzfässern kann unter Umständen TCA entstehen. Ein Wein aus einem solchen Gebinde wird dann selbst in Schraubverschlussflaschen einen »Korkfehler« aufweisen.

Krim

Irrtum: **Die Krim ist bei Kennern berühmt für ihren Sekt**

Es ist ausgesprochen ungewöhnlich, dass ein Produkt von solch zweifelhafter Qualität wie der Krimsekt über Jahrzehnte hinweg einen so guten Ruf, ja fast schon so etwas wie die Anmutung von Exklusivität genießen konnte. Die Meinung, die Schwarzmeerhalbinsel Krim sei bei Kennern berühmt für diesen Sekt, ist auch heute, über eineinhalb Jahrzehnte nach Fall des »Eisernen Vorhangs«, noch immer weitverbreitet. Zwar gehen die Wurzeln der dortigen Sektproduktion unzweifelhaft auf das Ziel zurück, dem Zarenhaus eine Alternative zum beliebten Champagner bieten zu können – spätestens mit der Oktoberrevolution hat man auf der Krim aber aufgehört, dem berühmten französischen Vorbild nachzueifern. So ist der »Krimskoje« heute lediglich ein ziemlich schlichter, dafür aber erstaunlich teurer Allerweltssekt, um den echte Kenner eher einen großen Bogen machen.

Soweit es Sekt betrifft, hat die Krim, die heute wieder zur Ukraine gehört, bei Kennern also eher einen zweifelhaften Ruf. Mit dem Massandra gibt es dort allerdings tatsächlich einen Wein, der zwar nur sehr selten auf dem Markt zu finden ist, bei dem aber die Connaisseurs verzückt mit den Augen rollen. Das frühere Zarenweingut Massandra auf der Krim erzeugte im 19. Jahrhundert überwiegend edelsüße Weine von Weltruf. Das unweit von Jalta an der Südküste der Halbinsel gelegene Gut wurde zwischen 1894 und 1897 gebaut und diente hauptsächlich zur Versorgung des kaiserlichen Sommerpalastes. Prinz Lev Sergervich Golitzin, der erste Kellermeister von Massandra, war nicht nur für die Bereitung der eigenen Weine, sondern auch für den Import anderer europäischer Spitzenweine, insbesondere Madeira, Sherry, Port und Sauternes, verantwortlich. Die von ihm zusammengetragene »Massandra-Kollektion« umfasst Weine, deren Ursprung bis ins 18. Jahrhundert zurückreicht, und wurde von der ukrainischen Regierung zum Nationalerbe erklärt. Verkäufe aus diesem Keller unterliegen somit seither der staatlichen Aufsicht. Durch den »Eisernen Vorhang« unerreichbar, gerieten die raren Kreszenzen aus Massandra in der westlichen Welt zunächst weitgehend in Vergessenheit. Erst mit dem Zusammenbruch der Sowjetunion tauchten vereinzelt wieder Flaschen aus dem Zarenkeller in den Katalogen der internationalen Auktionshäuser auf. So wurden im Jahr 1990 in London erstmals einige dieser Weine versteigert und sorgten schnell für großes Aufsehen in der Weinwelt. Weitere Auktionen folgten, und mittlerweile zählen die Raritäten von der Krim zu den teuersten Weinen der Welt. Bei einer im Dezember 2004 von Sotheby's in London durchgeführten Versteigerung alter Massandra-Weine, vor allem rarer Schätze aus dem 19. Jahrhundert, erzielte zum Beispiel eine einzige Flasche eines 1895er Livadia Rosé Muscat den stolzen Preis von 4260 Euro!

Lagerfähigkeit

Irrtum: **Rotwein kann älter werden als Weißwein**

Es führt im Weinbereich häufig in die Irre, wenn man vom Besonderen auf das Allgemeine schließt. Nur so lässt sich erklären, warum weithin die Überzeugung vorherrscht, Rotwein könne generell älter werden als Weißwein. Dieses Urteil mag bei einfachen Tischweinen für den täglichen Genuss seine Berechtigung haben. Verallgemeinert und insbesondere auf Spitzengewächse ausgedehnt, ist es aber schlicht und einfach falsch. Zwar finden vor allem die spektakulären Raritätenproben alter roter Bordeauxweine, die manchmal noch aus dem 19. Jahrhundert stammen, ihre Berichterstattung in Zeitungen und Magazinen. Darüber dürfen aber jene bemerkenswerten Verkostungserlebnisse nicht vergessen werden, die erfahrene Weinexperten auch mit Weißweinen dieses Alters haben.

Die Fähigkeit, besonders alt zu werden, oder besser ausgedrückt, besonders gut zu reifen, ist nämlich keine Frage der Farbe, sondern hängt vereinfacht gesagt davon ab, wie sehr ein Wein der Oxidation – denn die Weinreifung ist letztlich nichts anderes als ein sehr langsamer Oxidationsvorgang – widerstehen kann. Hierbei spielen die Inhaltsstoffe Alkohol, Säure, Süße, Gerbsäure und nicht zuletzt die zugegebene Schwefelmenge eine ➛ Schwefel wichtige Rolle.

Beim Rotwein garantiert vor allem jene Gerbsäure, die auch für die pelzig-trockene Empfindung ➛ Trocken am Gaumen verantwortlich ist, als Antioxidant ein langes Leben. Bei Weißweinen hingegen, die ja aufgrund ihrer Erzeugungsart so gut wie keine Gerb- ➛ Rosé säure aufweisen, tritt üblicherweise die Wein- bzw. Apfelsäure der Oxidation entgegen. Doch auch die konservierende Wirkung des Alkohols und insbesondere der Süße kann dem Weißwein ein langes Leben sichern. Es überrascht also kaum, dass gerade deutsche Riesling-Auslesen zu den haltbarsten Weinen überhaupt zählen, schließlich verfügen sie oft sowohl über einen hohen Säuregehalt als auch über viel Restsüße. Leider ist es nur wenigen vergönnt – wer aber je das Vergnügen hatte, solche Weine aus dem 19. Jahrhundert verkosten zu können, der wird von den beeindruckendsten Weinerlebnissen überhaupt sprechen. Noch deutlicher zeigt sich die lange Lebensdauer, betritt man den Bereich der edelsüßen Weißweine, seien es nun deutsche Trockenbeerenauslesen oder französische Sauternes. Diese an Süße, Säure und Dichte gleichermaßen hochkonzentrierten Kreszenzen kön- ➛ Reife nen Jahrzehnte, ja sogar Jahrhunderte scheinbar mühelos überstehen.

Liebfrauenmilch

Irrtum: **Liebfrauenmilch war immer ein billiger Markenwein**

Sie gilt wie kein anderer Wein weltweit als Paradebeispiel eines billigen, süßlichen und eher dubiosen Markenweins aus Deutschland: die berühmt-berüchtigte Liebfrauenmilch. Doch wer glaubt, dieser Wein sei schon immer nichts anderes als eine Billig-Plörre für den Export gewesen, täuscht sich gewaltig. Vor nämlich gerade mal einhundert Jahren stand dieser Begriff noch für einen der feinsten und teuersten Weine überhaupt! Damals verstand man unter Liebfrauenmilch allerdings nicht, wie heute, eine liebliche Mischung aus den Anbaugebieten Nahe, Pfalz, Rheingau oder Rheinhessen, die *»mindestens zu 70 Prozent aus Weintrauben der Rebsorten Riesling, Silvaner, Müller-Thurgau oder Kerner hergestellt und von der Geschmacksart dieser Rebsorten bestimmt ist«*, wie es die Weinverordnung in ihrem unnachahmlichen Deutsch festlegt. Ganz im Gegenteil: Der Begriff war ursprünglich Weinen aus dem bei der Wormser Liebfrauenkirche gelegenen, heute als Liebfrauenstift-Kirchenstück bezeichneten Weinberg vorbehalten. Welch immenses Potenzial, einzigartige Lagerfähigkeit und berauschendes Bukett diese echten Liebfrauenmilch-Weine von damals haben, zeigen noch heute delikat zu verkostende Tropfen aus dem 19. Jahrhundert. Doch die Tatsache, dass diese Weine damals überaus gefragt waren und viel Geld dafür bezahlt wurde, veranlasste die vielleicht etwas zu begehrlichen Wormser Winzer bald, es mit der Herkunft nicht so genau zu nehmen und den Weinnamen auf immer mehr Flächen auszudehnen – eine Praxis, die zu Beginn des 20. Jahrhunderts sogar ihre offizielle Legitimierung fand. So fasste die Wormser Handelskammer am 29. April 1910 den weitreichenden Beschluss, den Begriff »Liebfrauenmilch« von der ursprünglichen geographischen Herkunft loszulösen und fortan als Phantasiebezeichnung für alle möglichen Rheinweine gelten zu lassen. Ein tragischer Fehler, wie man heute weiß: Innerhalb weniger Jahre wurde dadurch aus einem der einstmals berühmtesten und teuersten Weine der Welt jenes Markenweinchen, das den internationalen Ruf des deutschen Weins bis heute schwer belastet.

Liebliche Weine

Irrtum: **Liebliche Weine sind mit Zucker gesüßt**

Ob man liebliche Weine mag oder nicht, ist Geschmackssache. Die Behauptung aber, solche Tropfen seien mit Zucker gesüßt, ist schlicht und einfach Unsinn. Was durchaus vorkommen kann, ist, dass ein Most von sich aus in der Gärung »steckenbleibt« und somit auf ganz natürliche Weise einen Zuckerrest behält. Geschieht dies nicht, so gibt es grundsätzlich zwei Verfahren, um liebliche oder treffender ausgedrückt: restsüße Weine zu erzeugen. Zum einen besteht die Möglichkeit, das »Steckenbleiben« künstlich herbeizuführen, indem man die Gärung vor der vollständigen Umwandlung des von den Trauben gebildeten Zuckers in Alkohol durch kellertechnische Maßnahmen unterbricht, um eine gewisse Süße im Wein zu erhalten. Dies geschieht üblicherweise durch das Herabkühlen des gärenden Mosts und anschließende Filtration. Dadurch werden die für die Gärung verantwortlichen Hefen aus dem Wein entfernt. Zum anderen ist in Deutschland ein Verfahren zugelassen, bei dem der Wein tatsächlich nachträglich gesüßt wird – allerdings keinesfalls mit Zucker, sondern mit der sogenannten Süßreserve. Hierbei wird dem Most vor der Gärung eine Teilmenge entnommen und quasi als süßer Traubensaft aufgehoben. Nach der vollständigen Vergärung des übrigen Mosts wird der entstandene trockene Wein dann mit dem unvergorenen Traubensaft auf die gewünschte Süße abgeschmeckt.

➛ TROCKEN

LUFT

Irrtum: **Weine brauchen Zeit zum »Atmen«**

Was man früher nur vom Restaurantbesuch kannte, ist mittlerweile auch bei vielen Weinfreuden zu Hause üblich: Alle Weine, die zu einem Essen vorgesehen sind, werden möglichst frühzeitig geöffnet. Insbesondere Rotwein wird, auch wenn er erst zum Hauptgang gedacht ist, häufig bereits mit dem Wein zur Vorspeise entkorkt. Die landläufige Begründung hiefür ist, der Wein müsse »atmen«. Die Praxis zeigt aber, dass um dieses Atmen ein völlig unangebrachtes Aufheben gemacht wird. Denn eine Flasche, die bloß geöffnet eine gewisse Zeit steht (nehmen wir an, bis zum Hauptgang vergeht eine Stunde), verändert sich nur so minimal, dass dies sensorisch kaum feststellbar ist. Der Grund dafür leuchtet ein: Schließlich steht dem Weinvolumen eines dreiviertel Liters nur die geringe Oberfläche von rund 3 cm^2 im Flaschenhals gegenüber; allein das Eingießen in die Gläser führt dem Wein mehr Sauerstoff zu als das »Atmen« über diese kleine Fläche.

Weiterhin darf man auch nicht der Versuchung verfallen, einfache Konsumweine wie charaktervolle Spitzenkreszenzen zu behandeln. Bei einer schmackhaften Basisqualität gibt es nämlich schlicht und einfach nichts, was sich durch das »Atmen« verbessern könnte. Doch auch bei lagerfähigen Top-Gewächsen sollte man das Dekantieren, also das Umgießen des Weins in eine Karaffe, nicht übertreiben. Grundsätzlich gibt es zwar drei gute Gründe für dieses Unterfangen. Erstens: Ein junger Wein wird durch die Sauerstoffzufuhr reifer und runder, die adstringierende Gerbsäure wird weicher. Zweitens: Ältere Rotweine haben manchmal ein Sediment, das sogenannte Depot, in der Flasche. Dies wird beim vorsichtigen Umgießen in der Flasche zurückbehalten. Drittens: Gewisse Weine können kurz nach dem Öffnen etwas stumpf oder gar muffig schmecken. Hier hilft die Sauerstoffzufuhr dem Wein, seine Blume zu entwickeln;

bei sehr alten Weinen verfliegen dabei zudem störende Substanzen wie die flüchtige Essigsäure. Und selbst so mancher charaktervolle Weißwein kann durchaus davon profitieren, gönnt man ihm ein paar Minuten in der Karaffe. Allerdings darf man dabei eines nie vergessen: Sauerstoff kann nicht nur ein Freund, sondern auch der schlimmste Feind des Weins sein! Gerade bei empfindlichen Tropfen ist größte Vorsicht geboten, kann sich doch durch das Dekantieren der Zustand eines Weins auch sehr schnell verschlechtern. Grundsätzlich gilt: Je jünger und gerbstoffreicher der Wein, desto eher wird er durch das Dekantieren gewinnen. Das Umgießen von einfachen, fruchtbetonten Weinen der Kategorie »easy drinking« ist jedoch schlichtweg eine überflüssige und wirkungslose Show. Auch bei Pinot Noir, also Spätburgunder-Weinen, ist es ratsam, auf das Dekantieren zu verzichten, da diese Sorte besonders anfällig für Oxidation ist. Und bei sehr alten und fragilen Weinen sollte man, wenn überhaupt, erst kurz vor dem Servieren umgießen. Wer sich also nicht sicher ist, sollte nach dem Grundsatz verfahren: Im Zweifel nicht dekantieren! Denn es ist doch allemal schöner und spannender, wenn der Wein im Glas immer mehr aufblüht, also eine progressive Entwicklung nimmt, als dass er seine Frucht während des Genusses mehr und mehr verliert.

➛ Dekantieren

Moselwein

Irrtum: **»Himmlisches Moseltröpfchen« ist typisch für Moselwein**

Wer noch nicht über größere Erfahrungen in der Welt des Weins verfügt, neigt gerne dazu, vom Speziellen auf das Allgemeine zu schließen. Dadurch kann es dann leicht passieren, dass man sich in völlig falschen Ansichten verfängt – und sich damit ein großes Genusserlebnis entgehen lässt. So haben schon Generationen von Weintrinkern den Fehler begangen, einmal eine Billig-Plörre aus dem Moseltal zu probieren und deren unterirdische Qualität als Richtschnur für die Güte des gesamten Anbaugebietes zu nehmen. Wer so handelt, verschließt sich leider dem faszinierenden Erlebnis eines echten Spitzenweins dieser Region. Man sollte deshalb – und das gilt für alle Anbaugebiete – nie den Geschmack einfacher Industrieweine als typisch für das nehmen, was auf dem Etikett steht. Diese Weine werden einzig mit der Vorgabe erzeugt, möglichst vielen Konsumenten mehr oder weniger »irgendwie zu schmecken«. Sie haben gar nicht den Anspruch, geschweige denn das qualitative Format, um die Typizität der Herkunftsregion wiederzugeben – auch wenn uns die Werbung das gerne weismachen möchte: Regionalität ist eben derzeit ziemlich »in«. Wer den typischen Charakter einer Weinart oder Anbauregion kennen lernen möchte, sollte sich viel eher durch einige Weine mehrerer qualitativ hochstehender Erzeuger probieren. Diese legen nämlich viel mehr Wert darauf, in ihren Produkten tatsächlich das »Terroir« schmeckbar werden zu lassen, also jenes fast magische Zusammenspiel von Rebe, Boden, Standort, Klima und der Hand des Weinmachers. In Massenweinen aus Großkellereien wird man diese Eigenschaft jedoch so gut wie nie finden. »Himmlisches Moseltröpfchen« ist also genauso wenig typisch für die Mosel wie »Mateus rosé« für Portugal und »Toscanello« für die Toskana.

Muscadet

Irrtum: **Muscadet schmeckt fruchtig und süß**

Es gibt Weine, deren Namen sehr ähnlich klingen, die aber in völlig verschiedene Geschmacksrichtungen eingeordnet werden müssen. Nicht selten ist dies der Grund für Missverständnisse und Vorurteile. Ein besonders extremer Fall ist der weitverbreitete Irrtum, ein Muscadet sei ein fruchtig und süß schmeckender Wein. Dem liegt aber die Verwechslung mit dem Muskateller zugrunde, dessen französischer Name Muscat ja durchaus Ähnlichkeit zum Muscadet hat. Geschmacklich gesehen ist der Muscadet jedoch so ziemlich genau das Gegenteil vom Muscat, nämlich ein knochentrockener, leichter, neutraler und eher von der mineralischen Frische als von der Frucht getragener Tropfen. Er wird in der Gegend um die Loiremündung gewonnen und in Frankreich traditionell mit Austern, Seezunge und Co. genossen.

Der Muskateller hingegen hat in Frankreich vor allem im Süden seine Heimat. Im unteren Rhonetal und vor allem im Languedoc-Roussillion werden daraus alkoholreiche und ausgesprochen aromatische Süßweine erzeugt.

Naturkorken

Irrtum: **Naturkorken sind für die Reifung des Weins unabdingbar**

➛ Schraubverschluss

Mittlerweile sind auch hierzulande alternative Verschlussformen für Weinflaschen stark auf dem Vormarsch. Deren zunehmende Akzeptanz unter den Verbrauchern, vor allem aber die immer häufiger werdenden wissenschaftlichen Veröffentlichungen zu diesem Thema bringen die treuen Verfechter des Naturkorks als einzig glücklich machender Verschlussart immer mehr in Bedrängnis. Es scheint, als gingen ihnen – abgesehen von absolut berechtigten emotionalen Gründen – die rationalen Argumente aus. Den letzten Fels in der Brandung markiert dann meist die Behauptung, Naturkorken seien für die Reifung des Weins unabdingbar. Dies hat sich allerdings bei näherem Hinsehen als Irrtum herausgestellt. Interessant ist hierzu der großangelegte wissenschaftliche Versuch des überaus renommierten und anerkannten *Australian Wine Research Institute*. Dabei wurden 300 Flaschen des gleichen Weißweins unter identischen Bedingungen mit 14 verschiedenen Verschlüssen versiegelt, vom klassischen Naturkorken über technisch geformte Korken bis hin zu Synthetikstopfen und Schraubverschlüssen. Nach jeweils sechs Monaten wurden die Proben im Labor sensorisch und analytisch untersucht. Fazit nach eineinhalb Jahren: Zwar gab es tatsächlich einige alternative Verschluss-Systeme, unter denen die Weine deutlich schlechter reiften, es gab aber eben auch solche, die gleich gut abschnitten beziehungsweise den Wein vereinzelt sogar noch besser reifen ließen, als es unter Naturkork der Fall war.*

Um das Argument »Weinreifung« dennoch zu retten, wird häufig behauptet, es sei für den Wein essentiell, über die Jahre hinweg die Möglichkeit des (minimalen) Luft-Austauschs durch die Poren des Korks zu haben. Der Wein müsse quasi ein wenig durch den Korken »atmen« können. Doch auch diese These wird durch die Wissenschaft widerlegt. Denn selbst unter hermetisch abgeschlossenen Bedingungen reift der Wein zu schönster Blüte heran; der in ihm selbst und der Flasche vorhandene Sauerstoff reicht hierfür vollkommen aus. Eine Tatsache, die für jeden Sammler alter Weine ganz selbstverständlich ist: Je dichter der Korken über die Jahre hinweg gehalten hat, also je weniger der Wein solcherart »geatmet« hat, desto besser ist der Wein in seinem Reifezustand und umso teurer wird er auf Auktionen gehandelt. Nicht zuletzt deshalb war es früher Tradition, besonders wertvolle Flaschen zusätzlich zum Korken mit Siegellack zu verschließen. Weine mit durchlässigen Korken dagegen »verdunsten« über die Jahre hinweg ein wenig aus der Flasche, die Füllhöhe im Hals oder an der oberen Schulter der Flasche nimmt ab. Solche Flaschen

* Australian Journal of Grape and Wine Research 2/2001

haben dann einen geringeren Wert, da der eingedrungene Sauerstoff den Wein schneller als nötig hat reifen lassen. Deshalb werden bei der Versteigerung alter Weine im Katalog immer auch die Füllhöhen angegeben.

Ein besonders augenfälliges Beispiel dafür, dass es nicht unbedingt Kork sein muss, um Weine von höchster Qualität heranreifen zu lassen, sind edle Jahrgangs-Champagner. Denn gerade diese Luxusprodukte, die unter Kennern für perfekte Balance, subtile Aromen und aufgefächerte Komplexität berühmt sind, reifen in den Kellern der Erzeuger teilweise über viele Jahre hinweg zur Perfektion heran – und sind dabei meist mit nichts anderem verschlossen als jenen profanen Kronkorken, die wir von Bierflaschen kennen. Der berühmte Naturkorken, den wir für ein Zeichen besonderer Qualität halten, kommt nämlich erst kurz vor dem Versand in die Champagnerflaschen.

Niersteiner Gutes Domtal

Irrtum: **Niersteiner Gutes Domtal ist der Name eines Weinbergs**

Wer kennt sie nicht, die berüchtigten Weine mit dem Namen »Niersteiner Gutes Domtal« auf dem Etikett? Wer diese zweifelhaften Tröpfchen schon einmal probiert hat, wird sich wahrscheinlich gewundert haben, wie tief der Stern der einstmals so berühmten Weinbaugemeinde Nierstein gesunken ist. Die Wahrheit ist jedoch, dass die allermeisten dieser Weine den hübschen Ort am Rhein tatsächlich nie gesehen haben – oder falls doch, dann nur, als sie in Flaschen oder Tanks gefüllt durch das Städtlein gefahren wurden, um von dort ihre Reise in die Regale mit Billigware oder nach Übersee anzutreten, wo sie dann den Ruf des deutschen Weins weiter nachhaltig schädigen. Denn entgegen der naheliegenden Annahme befindet sich der Weinberg »Gutes Domtal« weder in Nierstein noch sonst irgendwo – er existiert überhaupt nicht! Die Aufklärung dieses merkwürdigen Sachverhalts bringt der mit dem Weingesetz von 1971 neu geschaffene Begriff der »Großlage«. Darunter versteht man eine Gruppe von benachbarten Einzellagen, laut Gesetz eine Zusammenfassung von Flächen, »*… aus deren Erträgen gleichwertige Weine gleichartiger Geschmacksrichtungen hergestellt zu werden pflegen …*«. Tatsächlich sind diese Großlagen aber meist so riesig, dass von Gemeinsamkeiten kaum mehr die Rede sein kann. Das »Gute Domtal« beispielsweise umfasst eine Fläche von rund 1600 Hektar und ist damit größer als die Anbaugebiete Ahr, Mittelrhein und Hessische Bergstraße zusammen! Nur ein Bruchteil dieser Fläche liegt tatsächlich auf Niersteiner Gemarkung. Das Perfide an der Sache ist nun, dass jeder Wein, der innerhalb dieser Großlage gewachsen ist – beziehungsweise, wie es häufiger der Fall ist, aus vielen verschiedenen Weinen dieser Großlage zusammengeschüttet wurde –, seiner Bezeichnung laut Gesetz den Namen einer »Leitgemeinde« aus diesem Gebiet voranstellen darf, auch wenn er gar nicht aus dieser Gemeinde stammt. Und da nimmt man dann natürlich clevererweise jenen, der den vermeintlich besten Klang hat, in diesem Fall also Nierstein.

Besonders extreme Auswirkungen hat dieses Verfahren der Namensgebung übrigens im Anbaugebiet Ahr. Hier hat man kurzerhand das gesamte Gebiet zur Großlage »Klosterberg« erklärt. Das heißt, jeder an der Ahr gewachsene Wein, ganz gleich von welchem Dorfacker er stammt, darf unter dem Namen einer der berühmten Weinbaugemeinden, also zum Beispiel als »Walporzheimer Klosterberg« verkauft werden.

Diese Art der Namensgebung ist nicht zuletzt auch deshalb so zwielichtig, weil auf dem Etikett nicht vermerkt wird, ob es sich bei der Herkunftsbezeichnung um eine real existierende Einzellage oder den Sammelbegriff einer Großlage handelt. Bei 2658 Einzellagen und 167 Großlagen in Deutschland fällt diese Unterscheidung sogar ausgewiesenen Experten oft schwer. Doch es kommt noch schlimmer, denn manchmal klingen die Namen der Großlagen ganz ähnlich wie solche berühmter Einzellagen. So trennt an der Saar nur eine winzige Silbe den »Scharzberg« vom »Scharzhofberg«. Ersteres ist eine Großlagenbezeichnung, die für billigen Massenwein genutzt wird, während Letzteres einen der weltbesten Weinberge benennt, dessen Kreszenzen zum teuersten gehören können, was an Wein auf diesem Planeten überhaupt erzeugt wird. Da verwundert es kaum, wenn kritische Geister so etwas als legalisierten Betrug am Konsumenten bezeichnen. Aus diesem Grund verzichten übrigens auch die allermeisten deutschen Spitzenwinzer auf den Gebrauch einer Großlagenbezeichnung. Insbesondere gilt das für die Betriebe des VDP, des qualitativ führenden »Verbands der Prädikatsweingüter«, deren Mitgliedsstatuten eine solche Verwendung verbieten. Das Adler-Logo des VDP auf dem Etikett ist also ein sicheres Zeichen dafür, dass hier tatsächlich eine real existierende Einzellage angegeben wird.

Oechsle

Irrtum: **Die Oechslegrade geben Auskunft über die Süße des Weins**

Jedes Jahr im Herbst können wir den mehr oder weniger positiven Zeitungsmeldungen entnehmen, wie zufrieden die Weinbauern über die Oechslegrade ihrer Trauben sind. Als interessierter Laie versteht man rasch, dass dies offensichtlich etwas mit der Qualität zu tun haben muss. Besonders beeindruckend sind dann vor allem die hohen Oechslegrade jener Weine, die wir als sehr süß kennen, also Beerenauslesen, Trockenbeerenauslesen oder Eisweine. Vermutlich wird deshalb häufig geschlossen, die Oechslegrade sagten etwas über den Süßegrad des späteren Weins aus. Dies ist aber falsch.

Um etwas Licht in den trüben Most zu bringen: Mit den Oechslegraden wird nichts anderes ausgedrückt als das spezifische Gewicht des jeweiligen Traubensafts. Die Umrechnung ist dabei denkbar einfach: Jedes Gramm, das ein Liter Most mehr wiegt als ein Liter Wasser (und zwar bei 20° Celsius), also jedes Gramm mehr als 1 Kilogramm, zählt als 1 Grad Oechsle. Somit hat beispielsweise ein Most von 85 Grad Oechsle ein spezifisches Gewicht von 1085 Gramm.

Übrigens: Der schwäbisch anmutende Name der Oechsle-Grade geht tatsächlich auf einen Schwaben zurück. In den 30er Jahren des 19. Jahrhunderts entwickelte der Pforzheimer Apotheker Christian Ferdinand Oechsle ein praktisches Messgerät, um das spezifische Gewicht, also die Dichte einer Flüssigkeit, festzustellen: eine mit einem Gewicht beschwerte Spindel, die senkrecht in der zu messenden Flüssigkeit schwimmt und anhand der Eintauch-Tiefe deren spezifische Dichte anzeigt. Heutzutage benutzen die Winzer ein optisches Messgerät, den sogenannten Refraktometer, bei dem ein Tropfen des Mosts genügt, um die Oechslegrade anhand der Lichtbrechung zu ermitteln. In anderen Ländern werden zwar andere Skalen benutzt – in Frankreich rechnet man in »Baumé«, in Amerika mit »Brix« und in Österreich nach der »Klosterneuburger Mostwaage« –, dennoch liegt allen Werten das Prinzip der Qualitätsbestimmung des Mosts anhand seines spezifischen Gewichts zugrunde.

Der Oechsle-Wert ist für die Winzer deshalb so interessant, weil er einen guten Hinweis auf die Reife der Trauben liefert. Denn reifere Beeren konnten mehr Zucker in ihrem Saft einlagern, was diesen nicht nur süßer, sondern auch schwerer macht. Ob dieser Zucker tatsächlich zu einem süßen Wein führt, steht aber auf einem ganz anderen Blatt, da die alkoholische Gärung den Zucker ja – vollständig oder zumindest teilweise – in Alkohol verwandelt. Es kommt also vor allem darauf an, was man mit dem im Most enthaltenen Zucker macht, und nicht so sehr darauf, *wie viel* davon vorhanden ist. Denn für die Süße des eigentlichen Weins ist nicht so entscheidend, wie viel Zucker er am Anfang enthält, sondern vielmehr, wie viel davon am Ende als sogenannter Restzucker noch übrig ist. Selbstverständlich schmeckt also ein Wein, dessen Ausgangsmostgewicht nur bei 70 Grad Oechsle lag und der nicht vollständig durchgegoren wurde, deutlich süßer als ein durchgegorener Most von 90 Grad.

➛ Spätlese

Mathematisch betrachtet wird Zucker im Verhältnis von ca. 1 : 0,47 in Alkohol umgewandelt. 1 Gramm Zucker ergibt also knapp ein halbes Gramm Alkohol. Deshalb kann man den Zuckergehalt nicht nur als Süßepotenzial, sondern auch als Alkoholpotenzial bezeichnen. Um dieses zu erhalten, rechnet man den im Most vorhandenen Zucker in den potenziellen Alkoholgehalt um. Dieser lässt sich aber nicht ins Unermessliche steigern, da nur eine gewisse Zuckermenge zu Alkohol vergärt. So ist es den Hefen normalerweise ab 15 Volumenprozent Alkohol nicht mehr möglich, weiteren Zucker umzuwandeln. Und auch ein sehr hoher Zuckergehalt hemmt die Tätigkeit der Hefen: Wäre es zum Beispiel möglich, den gesamten Zucker des Mosts einer Trockenbeerenauslese (das können durchaus 400 Gramm je Liter sein) in Alkohol umzuwandeln, so hätte der daraus erzielte Wein rein rechnerisch unglaubliche 24 Volumenprozent! In Wahrheit verhält es sich aber eher umgekehrt. Der tatsächliche Alkoholgehalt solcher Weine in Deutschland liegt oft nur bei 6 bis 7 Prozent. Wegen der immensen Zuckerkonzentration fällt es den Hefen extrem schwer, solche Moste überhaupt noch zu vergären und ein wenig Alkohol zu erzeugen.

→ Prädikatswein

Allerdings wäre es auch falsch, hinter einem hohen Mostgewicht ausschließlich einen hohen Zuckergehalt des Mosts zu vermuten. Eine höhere Reife sorgt nämlich nicht nur für mehr Zucker, sondern auch für mehr Aroma- und Mineralstoffe in den Trauben. Deshalb schmeckt eine Spätlese nicht nur körperreicher, sondern meist auch intensiver als ein Kabinett.

Ökowein

Irrtum: **Ökowein schmeckt nicht**

Das Vorurteil, Ökoweine schmeckten nicht, ist wahrscheinlich ein Überbleibsel aus jenen längst vergangenen Tagen, in denen die ökologische Wirtschaftsweise weitgehend das Terrain idealistischer, Latzhosen tragender Freaks war. Dies ist aber schon lange nicht mehr der Fall, ganz im Gegenteil! Der verantwortungsvolle Umgang mit der Ressource Natur ist längst auch im Weinbau des 21. Jahrhunderts angekommen und geradezu essentiell für die Erzeugung qualitativ hochwertiger Weine geworden. Es ist heute im Bewusstsein der besten Winzer eine kaum bezweifelte Überzeugung, dass große Weine nicht von der Natur erzwungen werden können, sondern nur im Einklang mit ihr entstehen. Deshalb sind zumindest naturnahe Anbaumethoden mittlerweile bei den meisten Qualitätserzeugern Usus. So steckt heute hinter vielen Weinen weitaus mehr ökologisches Bewusstsein, als man glaubt. Einige der weltbesten Weingüter, seien es nun berühmte Riesling-Güter in Deutschland, angesehene Domainen in Burgund oder prestigeträchtige Chateaus im Bordeaux, sind sogar ausgewiesene Ökobetriebe, und manche folgen sogar einer konsequent biologisch-dynamischen Wirtschaftsweise. Dennoch werden deren Kreszenzen meist nicht als Ökoweine wahrgenommen – schlicht und einfach deshalb, weil es meist nicht auf dem Etikett erwähnt wird. Denn viele der modernen Ökowinzer wollen nicht – und dadurch unterscheiden sie sich von den Latzhosenträgern von einst –, dass man ihre Weine nur kauft, weil sie »Öko« sind; man soll sie vielmehr wegen der herausragenden Qualität kaufen, deren Basis eben unter anderem in der ökologischen Wirtschaftsweise liegt.

Portwein

Irrtum: **Portwein trinken Omas beim Kaffeeklatsch**

Nach wie vor ist die Meinung weitverbreitet, Portwein sei nur etwas für Omas Kaffeetisch; nichts also, womit sich ein echter Weinkenner beschäftigen sollte. Doch weit gefehlt! Der feurige Süße aus dem Douro-Tal zählt zu den faszinierendsten Weinerlebnissen überhaupt. Leider ist die Portweinkultur bei uns jedoch ausgesprochen unterentwickelt – ganz im Gegensatz zu den angelsächsischen Ländern oder Skandinavien. Dort ist es eine köstliche Usance, ein Menü mit Portwein zu beschließen. Insbesondere in Großbritannien vergeht kein festliches Dinner, ohne dass zum Abschluss mit einem edlen Port angestoßen und Trinksprüche ausgebracht würden – eignen sich diese Weinklassiker doch ganz besonders für »hinterher«. Wenn sie von hoher Qualität sind, bieten sie ein ungemein komplexes Geschmackserlebnis und sind zudem – anders als die »harten Sachen« – ein angenehm sanfter Digestif, an dem man sich länger festhalten und erfreuen kann. Darüber hinaus regt Port zum besinnlichen Gespräch an, passt hervorragend zu kleinen Naschereien und Gebäck und harmoniert selbst zur Zigarre prächtig.

Das absolute Nonplusultra dieser Tropfen ist der Vintage Port. Dies ist nicht einfach nur ein Portwein mit Jahrgangsangabe, sondern stets die Spitze dessen, was an Qualitäten hergestellt wird. Vintage Port wird deshalb auch nicht in jedem Weinjahr produziert, sondern nur in den besten Jahrgängen »deklariert«. Ein großer, ausgereifter Vintage Port eines Spitzenerzeugers kann dabei durchaus ein Qualitäts- und Preisniveau erreichen, das mit dem eines Premier Cru aus Bordeaux vergleichbar ist. Übrigens: Vintage Port sollte stets dekantiert werden. Zum einen hat er ausgesprochen viel Bodensatz in der Flasche, zum anderen braucht er die Zeit in der Karaffe, um seine berauschende Intensität und komplexe Fruchtigkeit im Bukett richtig aufbauen zu können.

→ Dekantieren

Prädikatswein

Irrtum: **Je höher das Prädikat, desto schwerer der Wein**

Über die Frage, wie man Weinqualität im rechtlichen Sinne eigentlich genau definiert, herrschen in den klassischen Weinbauländern des alten Europa durchaus unterschiedliche Auffassungen. Während man in Frankreich vieles an die Herkunft knüpft – gut ist, was aus guten Lagen stammt –, macht man die Qualität in Deutschland fast ausschließlich am

→ Appellation

Reifegrad der Trauben fest. Das hat auch einen gewissen Sinn: Deutscher Wein wächst schließlich am nördlichen Rand jener Zone, in der sich Weintrauben überhaupt noch zufriedenstellend entwickeln können, weshalb die Reife einer der ganz wichtigen (und kritischen) Punkte ist.

Die Traubenreife lässt sich anhand des Zuckergehalts der Beeren messen und wird in den sogenannten Oechslegraden des Mostgewichts angegeben. Je nach Traubenreife – beziehungsweise Mostgewicht – kann ein Qualitätswein in Deutschland zur Hervorhebung seiner besonderen Qualität ein zusätzliches Prädikat erhalten. Die allgemein bekannten Namen dieser Auszeichnungen sind zwar schon lange gebräuchlich, wurden aber bis vor 35 Jahren eher nach Gutdünken der Winzer verwendet. Erst das Weingesetz von 1971 definierte die Hierarchie der Prädikate dann rechtlich genau.

➛ Oechslegrade

Obgleich nun aber für ein höheres Prädikat ein höheres Mostgewicht – und damit eben auch ein höherer potenzieller Alkoholgehalt – gefordert ist, wäre es ein großer Irrtum zu glauben, je höher das Prädikat, desto schwerer sei auch der Wein. Dass die Angelegenheit so einfach nicht ist, zeigt bereits die unterste Stufe der Prädikatsweine, der Kabinett. Obwohl dieser Wein von der Wertigkeit eigentlich über dem normalen Qualitätswein steht, hat er meist weniger Alkohol als dieser. Das liegt daran, dass Qualitätsweine ohne Prädikat chaptalisiert, also vor der Vergärung zum Zweck eines höheren Alkoholgehalts durch Aufzuckerung des Mosts angereichert werden dürfen. Bei Prädikatsweinen ist dies nicht gestattet, weshalb der Kabinett als unterste

➛ Chaptalisation

Stufe häufig ein ganz leichtes, duftiges Weinchen ist. Die nächste Stufe bildet die Spätlese, mit der so mancher einen besonders wuchtigen Wein assoziiert. Aber auch hier liegt der Alkoholgehalt üblicherweise nur zwischen 12 und 13 Volumenprozent, also in jenem Bereich, in dem eigentlich alle »normalen« Weine, seien sie nun aus Frankreich oder Italien oder sonst einem klassischen Weinbauland, angesiedelt sind. Und wenn die Spätlese nicht trokken, sondern mit Restsüße ausgebaut wurde, liegt der Alkoholgehalt noch einmal deutlich niedriger, weil die Restsüße ja gerade jener Zucker ist, der nicht zu Alkohol umgewandelt wurde. Eine fruchtige, restsüße Spätlese kann also durchaus ein leichter Wein mit 9 bis 11 Prozent Alkoholgehalt sein. Besonders ausgeprägt kommt die Frage nach süß oder trocken aber bei der nächsten Stufe, der Auslese, zum Tragen. Wird diese im klassischen Sinne süß ausgebaut, so enthält sie selten mehr Alkohol als eine Spätlese. Doch gibt es durchaus die Möglichkeit, auch eine Auslese völlig durchgären zu lassen. Dadurch wird dann tatsächlich ein recht hoher Alkoholgehalt erzielt, der diese Weine mit oft 13,5 bis 14 Volumenprozent zu ziemlich wuchtigen Brummern macht. Interessant ist nun aber, dass weitere Qualitäts-Steigerungen beim Prädikat meist nicht zu einem noch höheren Alkoholgehalt führen, sondern genau zum Gegenteil. So ist bei den mit Beerenauslese, Trockenbeerenauslese und Eiswein bezeichneten edelsüßen Weinen die Konzentration an Zucker und anderen Inhaltsstoffen im Most so hoch, dass hier mit natürlicher Vergärung meist nicht einmal 10 Volumenprozent erreicht werden. Gerade die extrem konzentrierten Trockenbeerenauslesen haben häufig einen Alkoholgehalt von 6 bis 7 Prozent – somit stehen an der Spitze der Qualitätspyramide tatsächlich ausgerechnet jene Weine, die üblicherweise am wenigsten Alkohol enthalten.

Probeschluck

Irrtum: **Weine mit Schraubverschluss muss man nicht vorprobieren**

Der Probeschluck beim Servieren eines Weins im Restaurant ist kein leeres Ritual. Er soll dem Gast vielmehr die Möglichkeit geben, einen fehlerhaften Wein zurückzuweisen. Das ist eigentlich eine Selbstverständlichkeit, doch mit der zunehmenden Verwendung alternativer Verschluss-Methoden wie dem Schraubverschluss oder dem Glas-Stopfen greift die irrige Annahme um sich, solcherart verschlossene Flaschen müsse man nicht vorprobieren, da diese ja natürlicherweise keine Korkfehler aufweisen könnten. Diese Argumentation übersieht jedoch, dass es weitaus mehr Weinfehler als nur den bekannten Korkschmecker gibt und dass diese eben auch bei alternativen Verschlüssen auftreten können. So kann ein Wein, der mikrobiologisch nicht sonderlich stabil ausgebaut wurde oder einer Verschmutzung bei der Abfüllung unterlag, eine Nachgärung auf der Flasche durchlaufen haben. Dies macht sich dann durch eine Sauerkrautnote im Geruch und durch Bläschen im Wein bemerkbar.

→ Schraubverschluss

→ Korkfehler

Ebenso kann ein schlecht sitzender Verschluss zum Eindringen von Luft in die Flasche und somit zur Oxidation des Weins geführt haben. Die Farbe solcher Weine tendiert dann ins bräunliche, und der Geruch erinnert an einen vor Stunden angeschnittenen, braun gewordenen Apfel, im schlimmsten Fall sogar schon an alten Sherry. Doch auch zu wenig Luft kann unerfreuliche Folgen für den Wein haben. So stellt sich bei extrem reduktiven Weinen, also solchen, die so gut wie keinen Luftsauerstoff aufgenommen haben, noch auf der Flasche manchmal ein sogenannter »Böckser« ein, ein unangenehmer Geruch nach faulen Eiern. Seltener, und oftmals nicht wirklich als Weinfehler wahrgenommen, findet man auch den sogenannten »Geranienton«. Dieser wird durch einen bakteriellen Abbau der zur Weinbereitung in geringen Mengen zugelassenen Sorbinsäure ausgelöst. Ein besonders kurioser Weinfehler ist auch das »Mäuseln«, das sich vor allem mit einer ziemlich aufdringlichen Note im Nachhall bemerkbar macht, die in etwa so schmeckt, wie der Name des Fehlers klingt. Alle diese Mängel – und es gibt noch einige mehr – können völlig unabhängig vom Flaschenverschluss auftreten. Darum gilt also auch beim Schraubverschluss im Restaurant: »Prüfe, bevor du trinkst!“

Prosecco

Irrtum: **Prosecco ist eine Region in Italien**

Der Prosecco ist nach wie vor die Lieblingsbrause der deutschen Schickeria. Angesichts dieser Tatsache ist es schwer zu verstehen, dass ausgerechnet über diesen Wein so viele Irrtümer und Halbwahrheiten kursieren. An der Spitze stehen dabei die Überzeugungen, bei »Prosecco« handele es sich um eine Region in Italien oder aber um das italienische Wort für Sekt. Deshalb zur Aufklärung hier noch einmal alles zum Mitschreiben: Prosecco ist zunächst einmal nichts anderes als der Name einer Rebsorte, die in Nordostitalien, aber auch im benachbarten Slowenien ihre Heimat hat. Dass daraus fast schon ein Synonym für schäumenden Wein wurde, mag vielleicht an den kalten Wintermonaten liegen, die im traditionellen Kernanbaugebiet in der Provinz Treviso oft recht zeitig eintreten. Durch die kühlen Temperaturen wurde der Most der spätreifenden Prosecco-Trauben in der Gärung unterbrochen und nahm diese erst im Frühling wieder ein wenig auf. Dadurch entstand ein mehr oder weniger fruchtiger Jungwein mit einer gewissen Restsüße und – hier kommt der Schaum ins Spiel – natürlicher Gärungskohlensäure. Heutzutage ist man natürlich nicht mehr auf den frühen Wintereinbruch angewiesen, sondern erzielt die prickelnde Eigenschaft des Proseccos viel professioneller – entweder durch die klassische zweite Gärung, wie sie bei den meisten Schaumweinen üblich ist, oder schlicht dadurch, dass man den Wein mit Kohlensäure versetzt.

Doch ist Prosecco keineswegs immer gleich Prosecco. Obwohl wir ihn hauptsächlich als schäumenden Wein kennen, wird er nach wie vor – obgleich in deutlich geringerem Umfang – auch als Stillwein hergestellt. Und selbst wenn er uns meist mit Kohlensäurebläschen erfreut, darf man den Prosecco keineswegs immer mit einem Sekt gleichstellen. Bei den billigeren Versionen handelt es sich meist um »Vino Frizzante«, also um Perlwein. Dieser hat weniger als 2,5 bar CO_2-Druck in der Flasche und wird oft durch das bloße Versetzen mit Kohlensäure hergestellt – ein Verfahren, dass man bei uns bis zur Ankunft des Prosecco vor allem vom berühmt-berüchtigten »Kellergeister« kannte. Nur wenn das Wort »Spumante« auf dem Etikett steht, handelt es sich um einen Schaumwein im eigentlichen Sinne. Dieser ist dann üblicherweise von höherer Qualität, nicht zuletzt wegen der anfallenden Sektsteuer aber auch deutlich teurer.

➛ Schaumwein

Das Herkunftsgebiet von »Prosecco VSAQ«, also einem laut EU-Recht »aromatischen Qualitätsschaumwein«, umfasst ganz Nordostitalien, nämlich die Regionen Veneto, Friaul und Trentino-Südtirol. Meistens tragen die Produkte jedoch als IGT-Weine (»Indicazione geografica tipica« – Landweine bestimmter Herkunft) eine genauere geographische Ursprungsangabe wie »Prosecco del Veneto« oder »Prosecco dei Colli Trevigiani«. Die qualitative Spitze bilden aber jene Weine, die unter der geschützten Herkunftsbezeichnung »DOC« verkauft werden. Hier genießen vor allem

Prosecco-Weine aus der Region um die Städtchen Conegliano und Valdobbiadene in Venetien einen ganz besonderen Ruf.

Qualität

Irrtum: **Qualitätsweine bürgen für Qualität**

Der Begriff »Qualitätswein« in Verbindung mit einer amtlichen Prüfnummer auf deutschen Weinetiketten wirkt vertrauenswürdig, ja er suggeriert sogar eine staatliche Garantie besonderer Güte. Leider begeht aber einen Fehler, wer glaubt, hinter einem »Qualitätswein« verberge sich tatsächlich immer auch hohe Qualität. Grundsätzlich ist das Verfahren zur Vergabe des Begriffs »Qualitätswein« zwar durchaus seriös und streng geregelt. Das Weingesetz und seine Ausführungsbestimmungen, die sogenannten Weinverordnungen, legen in erschöpfender Genauigkeit dar, wie ein solcher Qualitätswein erzeugt und beschaffen sein muss. Und damit diese Regeln befolgt werden, schauen staatliche Weinkontrolleure den Winzern vor Ort auf die Finger. Darüber hinaus müssen solche Weine auch noch vor einer Prüfungskommission bestehen, die sie verkostet und bewertet. So weit, so gut. Das Dumme ist nur: Die Kriterien, die ein Wein erfüllen muss, um als Qualitätswein zu gelten, wurden so niedrig angesetzt, dass sie fast jeder Trank ohne Schwierigkeiten erfüllen kann. Die Weinverordnung sagt nämlich nicht, dass ein Qualitätswein besonders gut sein muss, sondern lediglich, dass er nicht besonders schlecht sein darf.

Dadurch ergibt sich folgendes Bild: Während die meisten klassischen Weinländer eine breite Basis an einfachen Tisch- und Landweinen haben, auf denen sich die Spitze der Qualitätsweine aufbaut, haben wir in Deutschland diese Pyramide umgedreht. Im Jahrgang 2004 wurden hierzulande lediglich sechs Prozent der Produktion als Tafelweine eingestuft, 94 Prozent aller in Deutschland erzeugten Weine galten somit als »hochwertige« Qualitätsweine. Besonders patriotische Weinliebhaber und Lobbyisten mögen vielleicht stolz auf diese Zahl sein, doch lügen sie sich damit in die Tasche. Denn dieses frappierende (Miss-)Verhältnis von wenigen einfachen Tafelweinen zu vielen vermeintlich hochwertigen Qualitätsweinen entsteht nicht durch die auf breiter Basis unschlagbare Qualität, die deutsche Weinbauern liefern, sondern vielmehr, weil die sensorische Prüfung aufgrund der niedrigen Kriterien eher ein Durchwinken ist als ein selektiver Prozess.

Reife

Irrtum: **Wein wird mit dem Alter immer besser**

Wein ist eines der haltbarsten Lebensmittel und besitzt darüber hinaus manchmal die bemerkenswerte Eigenschaft, sich durch Lagerung sogar noch erheblich zu verfeinern. Hieraus zu schließen, Wein werde grundsätzlich mit dem Alter immer besser, ist jedoch ein großer Irrtum. So darf man bei einfachen Tischweinen nicht ernsthaft eine Verbesserung durch Reife erwarten. Solche Weine sind für den schnellen Konsum gedacht und gewinnen im Kellerregal keinesfalls an Qualität. Doch auch bei großen, lagerfähigen Weinen, die in Frankreich treffend »Vins de Garde« genannt werden, darf man nicht dem Irrglauben verfallen, die positive Reifeentwicklung des Weins verlaufe auf ewig parallel zu seiner Alterung. Vielmehr sollte man sich stets darüber bewusst sein, dass selbst der haltbarste große Wein einen höchst individuellen Lebenszyklus hat, der sich eher mit einer an- und wieder absteigenden Kurve als mit einer nur nach oben gerichteten Linie beschreiben lässt.

→ Lagerfähigkeit

Das heißt: Nach einer Phase der Verfeinerungen durch die Reife ist irgendwann ein Zenit erreicht, nach dem weitere Lagerung nicht mehr zur Verbesserung des Weins, sondern zum Gegenteil führt: dem voranschreitenden Abbau des Qualitätspotenzials. Weine, die sich in diesem Sinne auf dem Abstieg vom Qualitätsgipfel befinden, lassen sich aber dennoch weiterhin mit viel Freude und Genuss trinken. Und auch wenn ihre Qualität nicht mehr auf allerhöchstem Niveau liegt, sollte man diesen besonders alten Weinen eine gehörige Portion Respekt und Demut entgegenbringen. Irgendwann jedoch gehen dann auch solche trinkbaren Antiquitäten den Gang alles Irdischen, und der einstmals animierende, köstliche Tropfen verwandelt sich in eine braune, oxidierte Brühe. Dieser Prozess erfolgt aber keinesfalls plötzlich, wie es die verbreitete Formulierung suggeriert, der Wein sei »gekippt«. Der Tod der Weine kommt auf schleichendem Fuß und gleicht eher einem langsamen Hinüberdämmern als einem genau definierbaren Ereignis.

Aus diesem Grund ist auch der hierzulande gerne verwendete Begriff des »Höhepunkts« für den Qualitätszenit eines Weins nicht ganz zutreffend. Schließlich würde dies bedeuten, dass der Reifeprozess an einem gewissen Punkt von positiv in negativ umschlagen würde. Ein Terminus aus der englischen Weinsprache erfasst diesen Aspekt treffender. Man spricht dort oft vom »plateau of maturity«, also einem Niveau der höchsten Reife, auf dem sich der Wein eine Zeit lang hält, bevor er es ganz langsam wieder verlässt.

Reisen

Irrtum: **Manche Weine können nicht reisen**

Es ist eine unerfreuliche Erfahrung, die schon so mancher nach seinem Urlaub hat machen müssen: Der Wein, den man sich als Souvenir mitgebracht hat, schmeckt zu Hause plötzlich ganz anders als am Urlaubsort. Der herzhafte Tischwein, der an den schönsten Tagen des Jahres so viel Freude gemacht hat, der würzige Vino Tinto aus der kleinen Tapas-Bar in Andalusien, der frische Bianco aus der urigen Trattoria in der Toskana oder der fruchtige Rosé des Hafenrestaurants an der Côte d'Azur – daheim lassen diese Weine einen oft nur den Kopf darüber schütteln, wie sie nur so gut hatten schmecken können.

Schnell hört man dann den Kommentar, solche Regionalweine büßten auf dem Transport nach Hause Qualität ein und sollten deshalb eben nicht »reisen«. Doch hinter der scheinbaren Geschmacksveränderung steckt etwas ganz anderes. Nicht der Wein hat sich durch die Reise verändert, sondern die sensorische Wahrnehmung des Weintrinkers. Die entspannte Stimmung, das schöne Wetter, die gute Atmosphäre, die regionale Küche, ja selbst Luft und Licht des Urlaubsorts haben maßgebliche Auswirkungen darauf, wie wir einen Wein wahrnehmen und wie er uns schmeckt. Zurück im Alltag fehlen diese Einflüsse, und so bleibt vom leckeren Urlaubswein nur noch das übrig, was tatsächlich in der Flasche ist, und das ist häufig einfach nur ein schlichter, regionaler Tischwein.

Die bekannte Kölner Sommelière Claudia Stern erklärt diesen Sachverhalt gerne mit einer Geschichte, die ihr eine Teilnehmerin aus Düsseldorf während eines Weinseminars erzählt hat. Diese Frau habe im Winterurlaub in den Alpen einen ganz tollen Skilehrer kennen gelernt und ihn kurzerhand mit nach Hause genommen. Auf dem Düsseldorfer Schickeria-Parkett wirkte der knakkige Naturbursche dann allerdings längst nicht mehr so toll …

Es lohnt sich also in den seltensten Fällen, das Rückreisegepäck mit regionaltypischen Weinen zu belasten – zumal fast alles wirklich Erwähnenswerte, das die Weinwelt zu bieten hat, heute auch im Fachhandel in Deutschland zu haben ist. Wer aber dennoch nicht auf ein paar Fläschchen aus dem Urlaubsland verzichten möchte, dem sei geraten, möglichst viele der Einflüsse ihrer Herkunft beim Öffnen der Flaschen in Deutschland wiederherzustellen. Ein herzhaftes Tapas-Buffet mit Flamenco-Musik, ein rustikaler toskanischer Eintopf im Kerzenschein oder ein mit Kräutern gegrillter Fisch auf der Terrasse wecken zu den jeweiligen Mitbringseln Erinnerungen und Eindrücke des Urlaubs – und lassen die Weine in einem ganz anderen, freundlicheren Licht erscheinen.

Riesling

Irrtum: **Johannisberg Riesling ist eine besondere Art des Rieslings**

Als sei die Weinwelt nicht schon unübersichtlich genug, quält uns der Weingott Bacchus auch noch mit einem oft geradezu babylonischen Sprachgewirr. So trägt in der weiten Welt der Reben und deren schmackhaft vergorener Säfte Gleiches häufig viele unterschiedliche Namen oder bezeichnen umgekehrt gleiche Namen viele verschiedene Dinge. Besonders deutlich wird dies bei der Benennung der Rebsorten, die immer wieder Grund vieler Irrtümer ist. Dass Pinot Grigio, Pinot Gris, Tokay d'Alsace und Ruländer letztlich alle das Gleiche bezeichnen, nämlich den Grauburgunder, ist ein Klassiker dieser Begriffsverwirrung, der sich mittlerweile herumgesprochen haben dürfte. Komplizierter wird es schon, wenn das Wort Klevner auf dem Etikett erscheint. Darunter versteht man nämlich in Württemberg den Frühburgunder und in der Nordostschweiz den Spätburgunder, beides also Rotweine. Im benachbarten Elsass und in der österreichischen Steiermark hingegen bezeichnet man mit Klevner oft auch den Weißburgunder. Zu weiterer Verwirrung trägt die kleine Gemeinde Heiligenstein südwestlich von Straßburg bei: Der Klevener de Heiligenstein wird dort nämlich aus dem Savagnin rosé, also einer alten Spielart des Traminers gekeltert. Alles klar …?

Missverständlich sind häufig auch die Zusätze zu eigentlich weithin bekannten Namen. So wird der in der »Neuen Welt« gebräuchliche »Johannisberg Riesling« oft für eine besondere Spielart dieser Traube gehalten. Dies ist jedoch ebenso falsch wie die Annahme, Rhein- bzw. Rhine Riesling, Weißer Riesling oder gar Riesling renano seien eine besondere Art des Rieslings. Diese Zusätze mögen zwar verwirrend sein, sind jedoch immerhin sinnvoll, weil sie den »echten« Riesling vom Welschriesling und seinen Synonymen wie Laski Riesling, Olasz Riesling oder Riesling italico unterscheiden. Denn dieser Welschriesling ist eine völlig andere Traube, die außer einer rassigen Säure so gut wie nichts mit dem Riesling gemein hat, wie wir ihn von Rhein und Mosel kennen – und der in der Ortenau auch Klingelberger heißt. Weitere Stolpersteine auf dem Weg der Weinbezeichnungen liegen in den Synonymen für den Lemberger: Dieser heißt in Österreich Blaufränkisch, in Ungarn Kekfrankos und in Washington State manchmal Blue Franc. Und dass sich hinter dem Württemberger Trollinger und dem Südtiroler Vernatsch ebenso dieselbe Traubensorte verbirgt, wie dies beim Schwarzriesling und dem Pinot Meunier aus der Champagne der Fall ist, zeigt, dass die Völkerwanderung und Einbürgerung der Rebsorten längst ein Maß an selbstverständlicher Durchmischung erreicht hat, das jeden Integrationsbeauftragten vor Neid erblassen ließe.

Rosé

Irrtum: **Roséwein wird aus Weiß- und Rotwein gemischt**

Wie so oft führt leider auch beim Wein der eigentlich naheliegende Schluss häufig nicht zur Wahrheit, sondern zum Irrtum. Besonders deutlich wird dies bei der Annahme, ein Rosé sei eine Mischung aus weißem und rotem Wein. Zwar würde man durch solch ein Rezept tatsächlich einen rosafarbenen Wein erhalten – nicht aber einen Rosé. Um nun zu verstehen, wie dieser hergestellt wird, bedarf es zunächst eines genaueren Blicks auf die Unterschiede in der Bereitung von Weiß- und Rotweinen. Während man bei Ersterem ganz einfach den Traubensaft, also den Most, zu Wein vergärt, sieht die Sache beim Rotwein etwas anders aus. Denn der eigentliche Saft der genutzten Trauben hat selbst noch keine ausreichende Farbe. Deshalb werden die Schalen – in denen die meisten Farbstoffe sitzen, aber auch die für den Rotwein typische Gerbsäure – und das Fruchtfleisch mit vergoren. Nur über diese sogenannte Maische- (im Gegensatz zur Most-) Gärung wird die Farbe des Rotweins erzielt. ➛ Rotwein

Bei der Erzeugung von Roséweinen geht man nun grundsätzlich denselben Weg, entfernt aber die Traubenschalen bereits frühzeitig wieder aus dem Most und vergärt diesen dann wie den eines Weißweins weiter. Durch diese frühe Trennung wird nur wenig Farbe aus den Schalen gelöst und es entsteht ein hellroter bis rosafarbener Wein. Dieses Verfahren liegt grundsätzlich allen Rosé- oder Weißherbst-

Weinen zugrunde. Lediglich der Champagner, also einer der feinsten und exklusivsten Weine überhaupt, bildet eine Ausnahme. Hier darf der Rosé sowohl durch eine kurze Maischegärung als auch durch das Mischen von Weiß- und Rotwein gewonnen werden. Zwar ist diese Mischung auch beim deutschen Wein keinesfalls unzulässig, nur darf man das Produkt dann eben nicht Rosé nennen. Durch Mischen erzeugte rosafarbene Weine werden vielmehr, etwas seltsam klingend, als »Rotling« bezeichnet; eine Kategorie, in die in Deutschland vor allem der württembergische Schillerwein und der badische Rotgold fallen.

Rotwein

Irrtum: Rotwein macht man aus roten Trauben

Es scheint ja so einfach: Weißwein macht man aus weißen Trauben, Rotwein aus roten Trauben. Stimmt aber nicht! Rotwein macht man nämlich aus *blauen* Trauben. Alle bei uns für die Rotweinerzeugung genutzten Trauben weisen zum Zeitpunkt der Ernte eine tief dunkelblaue, manchmal sogar fast schwarzblaue Färbung der Beerenschale auf. Der eigentliche Saft der Beere ist jedoch meist wasserhell und farblos. Anders als beim Weißwein wird deshalb beim Rotwein nicht nur der ausgepresste Saft, also der Most, vergoren. Vielmehr wird durch die Mischung von Fruchtfleisch, Saft und Schalen der

Trauben die sogenannte Maische erzeugt. Bei deren Vergärung wird dann der rote Farbstoff aus den Beerenhäuten gelöst. Doch selbst diese Maische ist bei den meisten Sorten anfangs nicht rot, sondern ebenfalls noch dunkelblau. Erst durch den weiteren Kontakt mit Luftsauerstoff stellt sich langsam die übliche Farbe des Rotweins ein.

Zwar gibt es mit dem Gewürztraminer oder Grauburgunder auch Traubensorten, die tatsächlich eine rote Schale aufweisen. Daraus könnte man jedoch keinen echten Rotwein keltern, weshalb aus diesen Sorten gemeinhin nur Weißweine erzeugt werden.

Schimmel

Irrtum: **Schimmel am Korken schmeckt man im Wein**

Die Kriterien für einen guten Weinkeller sind heutzutage hinlänglich bekannt. Er sollte nicht nur kühl und dunkel, sondern vor allem auch nicht zu trocken sein. Als ideal gilt eine Luftfeuchtigkeit zwischen 75 und 85 Prozent. Ist der Keller nämlich dauerhaft zu trocken, so verdunstet über die Jahre hinweg die Feuchtigkeit aus den Korken und vermindert deren Dichtkraft. Dadurch kann verstärkt Luftsauerstoff in die Flaschen eindringen und den Wein durch die einsetzende Oxidation schneller altern lassen. Eine sehr hohe Luftfeuchtigkeit garantiert also eine perfekte Weinreifung, hat aber den unangenehmen Nebeneffekt, dass die Flaschen in kurzer Zeit von einem schwarzen Schimmel verunstaltet werden. Dies kann zwar bei einem uralten Bordeaux recht romantisch aussehen, zu einem jungen Pinot Grigio aus dem aktuellen Jahrgang mag dieses morbide Kleid hingegen nicht so recht passen. Letztlich handelt es sich hierbei aber nur um ein ästhetisches Problem.

→ Naturkorken

Wie verhält es sich aber mit dem Schimmel, der sich am Korken bildet, wenn – wie häufig – die über dem Korken liegende schützende Kapsel perforiert ist? Die Furcht vor einem Verderb des Weins durch diese Art Schimmel ist völlig unbegründet. Eine solche Pilzbildung ist keinesfalls außergewöhnlich und hat keine negativen Folgen für den Wein. Dennoch sollte man den Schimmel vor dem Öffnen mit einem sauberen Tuch entfernen und, falls nötig, nach dem Entkorken den Flaschenrand abwischen. Gleiches gilt für Korken mit einer besonders dicht sitzenden, nicht perforierten Kapsel. Hier kann sich über die Jahre ein dunkler, klebriger »Schmand« zwischen Korken und Kapsel gebildet haben, wenn während der Lagerzeit eine kleine Menge der Flüssigkeit durch den Korken veratmet wurde. Übrigens: Wer sich beim Besuch eines alten Weingutkellers schon einmal über die schwarz verschimmelten Decken und Wände gewundert hat, der sollte keinesfalls auf mangelnde Hygiene des Kellermeisters oder gar schädlichen Einfluss auf die Weine schließen. Dieser lateinisch »Cladosporium cellare« genannte Kellerschimmel ist durchaus erwünscht, zeigt doch sein Vorhandensein optimale kellerklimatische Verhältnisse für Lagerung und Ausbau des Weins an. Dieser manchmal sogar fast mattenartig die Wände überziehende Pilz ernährt sich von den Ausdünstungen der Weinfässer, also hauptsächlich Alkohol und Essigsäure, und ist normalerweise völlig geruchsfrei. Ganz im Gegenteil verhindert er üblicherweise sogar die Bildung eines unangenehmen und modrigen Schimmelgeruchs.

Schraubverschluss

Irrtum: **Nur Billigweine haben einen Schraubverschluss**

Es scheint ein besonders seltsamer Anachronismus zu sein: Der moderne Weinbau versucht mit ausgeklügelten und aufwendigen Anbaumethoden ein Maximum an Qualität zu erzeugen und investiert Millionen in High-Tech-Kellereien, wo computergesteuerte Temperatur- und Gärführung sowie klinisch sauberer, blitzender Edelstahl dafür sorgen, dass diese Qualität möglichst unbeschadet auf die Flaschen gebracht werden kann – und ganz am Ende verschließt man das Ganze dann mit einem Stückchen Baumrinde. Und das, obwohl heute niemand mehr ernsthaft bestreitet, dass die Verwendung von Naturkork eine Art russisches Roulette darstellt, bei dem schätzungsweise fünf Prozent der Flaschen verdorben werden.

→ Korkfehler

Dennoch haben es alternative Verschlussformen hierzulande nach wie vor schwer, eine breite Akzeptanz zu finden. Das liegt wahrscheinlich an den eher emotionalen denn rationalen Argumenten, die für den Korken als Verschluss vorgebracht werden. Wein ist und bleibt eben auch eine sehr gefühlsbetonte Angelegenheit. Für viele Weinfreunde ist es deshalb nach wie vor einfach unvorstellbar, ihren Lieblingstropfen ohne das liebgewordene Ritual des sorgsamen, vorsichtigen Entkorkens zu genießen. Lange Zeit war der eigentlich praktische und bewährte Schraubverschluss somit den einfachen Konsumweinen vorbehalten. Doch der Umkehrschluss, es gebe den Schraubverschluss nur bei Billigweinen, ist ein verbreiteter Irrtum, der die Entwicklung der Verschlussmethoden übersieht. Mittlerweile überwiegt auch bei vielen sehr hochwertigen Erzeugern die Sorge um die mühsam und teuer produzierte Weinqualität die nostalgische Liebe zum Naturkorken. Insbesondere in der »Neuen Welt«, deren Weinszene nicht so traditionell orientiert ist, hat sich der Schraubverschluss längst zu einer selbstverständlich anerkannten Alternative zum Verschließen hochwertiger Weine entwickelt. So wird es zum Beispiel in Australien schwer fallen, gerade bei den Rieslingen überhaupt noch einen mit Naturkork verschlossenen Wein zu finden. Selbst die feinsten und teuersten Gewächse dieser Sorte kommen dort heute fast ausschließlich mit dem »Stelvin«, einer besonders hochwertigen und edlen Variante des Schraubverschlusses, auf den Markt. Nicht wenige Weingüter in Kalifornien und sogar in Frankreich haben sich ebenfalls bereits zu diesem Schritt entschlossen; selbst feiner Bordeaux bildet dabei keine Ausnahme. Die tatsächliche Akzeptanz des Schraubverschlusses auf dem Markt ist aber nach wie vor unterschiedlich.

Während die angelsächsischen und skandinavischen Weinliebhaber sich offensichtlich nicht besonders schwer damit tun, fällt es vielen Genießern hierzulande immer noch nicht leicht, vor dem Genuss zu »drehen« statt zu »bohren«. Auf diese Tatsache reagiert die Politik eines renommierten neuseeländischen Weinguts, das mittlerweile 95 Prozent seiner Erzeugung unter Schraubverschlüssen abfüllt. Auf die Nachfrage, was denn mit den anderen fünf Prozent, den mit Kork verschlossenen Flaschen passiere, wurde geantwortet: »Die sind für Deutschland«.

Schwefel

Irrtum: **Schwefel im Wein ist ein schlechtes Zeichen**

Das chemische Element Schwefel wird bereits seit der Antike als Konservierungsmittel für Wein benutzt. Erste schriftliche Hinweise auf diesen Gebrauch finden sich schon bei Homer und Plinius. Vor über fünfhundert Jahren (1487) wurde dann in Deutschland der Einsatz von Schwefel bei der Weinbereitung durch kaiserlichen Erlass erstmals urkundlich geregelt: Holzspäne seien in einer Mischung aus Schwefelpulver, Weihrauch und Kräutern zu tränken und dann im zu befüllenden Fass zu verbrennen. Schon damals war also bekannt, dass der Schwefel wertvolle Hilfe beim Konservieren des Weins leistet, indem er – wie wir heute wissen – Keime hemmt oder sogar abtötet. Dadurch schützt er vor Oxidation, also einem Braunwerden des Weins, verhindert den schnellen Verderb und hält das Aroma des Weins länger frisch.

In der modernen Kellerwirtschaft wird Schwefel heute in Form von Schwefeldioxid bzw. schwefliger Säure verwendet. Dabei geht jeder seriöse Winzer mit größtmöglicher Sparsamkeit an die Sache heran. Denn neben der unverzichtbaren, positiven

Wirkung auf den Wein hat Schwefel leider auch den Nachteil, in zu hohen Dosen das Bukett des Weins zu unterdrücken und im Duft unangenehm hervorzustechen. Weine mit etwas höheren Schwefelgaben brauchen deshalb eine deutlich längere Lagerzeit, um ihre geschmackliche Reife zu erlangen. Die in der EU zugelassene Schwefelmenge für trockene Rotweine liegt bei 160 mg je Liter. Sehr konzentrierten edelsüßen Weinen wie Sauternes oder Trockenbeerenauslesen darf mit maximal 400 mg je Liter eine höhere Menge zugegeben werden, da diese Weine den Schwefel sehr stark binden, jedoch nur der sogenannte »freie« Schwefel biologisch aktiv sein kann und zum Oxidationsschutz beiträgt. In der Praxis werden diese Höchstgrenzen aber meist weit unterschritten. Ein ordentlicher trockener deutscher Riesling enthält üblicherweise etwa 80 mg je Liter, wobei davon meist nur rund die Hälfte als freier, also aktiver Schwefel vorliegt.

Weine gänzlich ohne Schwefelzusatz zu erzeugen ist bisher nur äußerst selten, und wenn, dann nur sehr kurzfristig erfolgreich gewesen. Doch selbst bei völligem Verzicht auf Schwefelzusatz wäre der Wein keinesfalls völlig schwefelfrei. Schwefeldioxid gehört nämlich in kleinen Mengen zu den natürlichen Stoffwechselprodukten der Hefe bei der Gärung und kommt deshalb nicht nur im Wein, sondern beispielsweise auch im Brot vor.

Trotz des jahrtausendealten sinnvollen Einsatzes und der heute üblichen, im Labor ermittelten genauen Dosierung wird der Schwefel nach wie vor für die Kopfschmerzen nach einer durchzechten Nacht verantwortlich gemacht. Diese Meinung tut

➛ Kopfschmerzen

ihm allerdings Unrecht. Der Doyen der internationalen Weinautoren, Hugh Johnson, schrieb einmal, wer glaube, vom Schwefel im Wein Kopfschmerzen zu bekommen, müsse dringend unter strenge ärztliche Diät gestellt werden. Denn zahlreiche andere Lebensmittel des täglichen Gebrauchs werden mit Schwefelmengen behandelt, die die des Weins um ein Vielfaches übersteigen. Außer im seltenen Fall einer Schwefelallergie kann davon ausgegangen werden, dass der in der Weinbereitung verwendete Schwefel keinerlei negativen Einfluss auf Wohlbefinden und Gesundheit hat.

Sekt I

Irrtum: **Was sprudelt, ist Sekt**

Umgangssprachlich gilt eigentlich jeder Wein, der irgendwie sprudelt, als Sekt. Der Prosecco wird somit zum »italienischen Sekt«, der Cava zum »spanischen Sekt« und so weiter. Lediglich dem Champagner wird – richtigerweise – eine eigene Kategorie zugesprochen. Die allgemeine Verwendung des Begriffs »Sekt« für alle möglichen Blubberweine ist jedoch ein irrtümlicher Gebrauch einer genau definierten Bezeichnung. So nimmt es das europäische Weinrecht mit den schäumenden Weinen ziemlich genau und unterscheidet zunächst einmal grundsätzlich zwischen Schaum- und Perlweinen. Letztere sind laut EU-Verordnung Erzeugnisse, die *»in geschlossenen Behältnissen bei 20° C einen auf endogenes* *gelöstes Kohlendioxid zurückzuführenden Überdruck von mindestens 1 bar und höchstens 2,5 bar [und] einen vorhandenen Alkoholgehalt von mindestens 7 Vol.-%«* aufweisen. Auf welche Weise die Kohlensäure aber in die Flasche kommt, ist hier nicht vorgeschrieben – meistens wird sie den Weinen dieser Kategorie schlicht in einem Drucktank zugeführt. Solche Weinbrausen spielen auf dem deutschen Markt eine nicht zu unterschätzende Rolle. Das hängt vor allem mit dem in der EU-Verordnung festgelegten Höchstwert des Kohlensäuredrucks von »höchstens 2,5 bar« sowie der in Deutschland geltenden Sektsteuer zusammen. Diese Steuer wurde 1902 von Kaiser Wilhelm II. zur Finanzierung seiner Kriegsflotte eingeführt und macht mit 1,02 Euro pro Flasche plus Umsatzsteuer gerade im Billigbereich oft mehr als ein Drittel des Gesamtpreises aus. Da diese Abgabe aber erst bei Weinen ab 3 bar Druck fällig wird, umgeht man sie gerne mit Erzeugnissen, die einen niedrigeren Druck aufweisen. In der Praxis findet man diesen Steuervermeidungstrick vor allem bei billigen Proseccos, die eben oft nicht als Schaumweine, sondern als Perlweine hergestellt werden.

→ PROSECCO

Ein Schaumwein im eigentlichen Sinne hingegen ist ein Produkt, bei dem der Kohlensäuredruck mindestens 3 bar beträgt. Dieser sollte zudem auf eine bestimmte Weise in die Flasche gelangen. Steht nur »Schaumwein« (im Gegensatz zu »Schaumwein mit zugesetzter Kohlensäure«) auf dem Etikett, so muss die Kohlensäure das Resultat einer zweiten Gärung sein. Um Sekt muss es sich dabei aber noch immer nicht handeln. Denn der ist als

Synonym dem »Qualitätsschaumwein« vorbehalten, für dessen Herstellung noch genauere Vorschriften und Voraussetzungen gelten. So ist zum Beispiel eine Mindestlagerzeit ebenso vorgeschrieben wie ein Mindestalkoholgehalt von 10 Prozent und ein Druck von mindestens 3,5 bar. Außerdem muss die Kohlensäure zwingend durch eine zweite Gärung entstanden sein. Angesichts dieser sehr genauen Anforderungen für Qualitätsschaumweine geht also die verallgemeinernde Gleichung »Bläschen = Sekt« keinesfalls auf.

Sekt 2

Irrtum: **»Trockener« Sekt schmeckt trocken**

Inwiefern auf Weinetiketten durchaus gelogen werden darf, wurde bereits in anderem Zusammenhang aufgezeigt. Eine besonders widersprüchliche Formulierung findet sich bei der Geschmacksangabe von Sekten und anderen Schaumweinen. Entgegen der landläufigen Meinung ist das Wort »trocken« hier nämlich nicht wörtlich zu nehmen, sondern bedeutet in Wahrheit kurioserweise so viel wie »ziemlich süß«. So darf ein solchermaßen bezeichneter Sekt bis zu 35 Gramm Restzucker pro Liter enthalten, also fast das Vierfache dessen, was bei trockenem Stillwein maximal möglich wäre. Begründet wird dies damit, dass die im Sekt enthaltene Kohlensäure den sensorischen Eindruck der Süße unterdrückt. Soweit es Sekt betrifft, hat man

→ Niersteiner Gutes Domtal

→ Trocken

es erst ab der Angabe »extra trocken« mit einem auch geschmacklich tatsächlich einigermaßen trockenen Produkt zu tun. Wirklich trocken in Sinne von »herb« wird es dann bei der Bezeichnung »Brut« (bis 15 Gramm Restzucker pro Liter). Ganz konsequente Zuckerasketen hingegen müssen schon zum »Extra Brut« (bis 6 Gramm) greifen – dieses Extrem geht dann allerdings meist zu Lasten der Ausgewogenheit und Balance. Wer nun aber meint, es sei mal wieder eine typisch deutsche Marotte, einen fast lieblich schmeckenden Sekt als »trocken« zu bezeichnen, ist schon dem nächsten Irrtum aufgesessen. Denn diese Regelung gilt in der gesamten Europäischen Union, also auch für Bezeichnungen wie »dry«, »sec« oder »secco«.

Sekt 3

Irrtum: **Ein Silberlöffel im Hals der Sektflasche bewahrt die Kohlensäure**

Es ist bemerkenswert, wie sehr sich die großen Mythen und Irrtümer rund um den Wein über viele Jahre hinweg halten können, obwohl sie schon zigfach widerlegt wurden. Ein typisches Beispiel hierfür ist die Nummer mit dem Silberlöffel im Hals der angebrochenen Sektflasche. Der Löffel soll den Austritt der Kohlensäure verhindern und somit den Sekt im Kühlschrank frisch und perlend halten. Die Verfechter dieser Theorie führen gerne folgenden Beweis für die Wirksamkeit: Je kälter der Sekt, desto besser wird die Kohlensäure in der Flüssigkeit gebunden. Wenn man sich aber ein Gläschen aus der Flasche gönnt, dann strömt die warme Raumluft in die Flasche und erwärmt die oberste Schicht des Sekts, wodurch dann vermehrt CO_2-Druck entweichen kann. Stellt man dann die angebrochene Flasche in den Kühlschrank zurück, so soll der Silberlöffel mit seiner guten Wärmeleitfähigkeit wie ein Radiator wirken, die warme Luft schneller aus der Flasche ableiten und den Sekt dadurch abkühlen lassen. Das klingt eigentlich logisch. Das Dumme daran ist nur: Sämtliche wissenschaftlich fundiert durchgeführten Experimente hierzu haben ergeben, dass es völlig unerheblich ist, ob ein Löffel im Hals steckt oder nicht. Wer also nicht nur ein paar Stunden an einer Flasche Sekt oder Champagner seine prickelnde Freude haben möchte, der sollte sich nicht auf solche Mythen verlassen, sondern die Flasche einfach wieder möglichst fest verschließen und die Kühlschranktemperatur sehr kalt einstellen. Denn das Einzige, was an der Silberlöffel-Theorie wirklich stimmt, ist, dass der Sekt seine Kohlensäure umso besser bindet, je kälter er ist.

Sherry

Irrtum: **Die Sherrysorten heißen Trocken, Halbtrocken und Cream**

Auf diese Frage geben selbst viele erfahrene Gastronomen die falsche Antwort: Wie heißen die

Sherry-Sorten? Wie selbstverständlich werden dann die Begriffe »Trocken, Halbtrocken und Cream« genannt. Für diese Antwort kann man allerdings keinen Kellner oder Barkeeper kritisieren, denn dass ein Gast in Deutschland einen Fino, Amontillado oder Oloroso bestellt, kommt so gut wie nie vor. Schließlich ist es hierzulande üblich geworden, Sherrys nach der Geschmacksrichtung und nicht nach der eigentlichen Art zu unterscheiden. Dies ist zwar sicherlich einfacher, dafür werden aber auch die spannenden Finessen dieses faszinierenden Weins aus Andalusien vernachlässigt.

Und diese sehen so aus: Das Zentrum der Sherryproduktion bildet die Region um die 25 Kilometer nordöstlich von Cádiz gelegene, namensgebende Stadt Jerez de la Frontera im Südwesten Spaniens. Dort wächst – im besten Falle auf kargen Kalkböden – überwiegend die Palomino-Rebe, die einen leichten, als Tischwein geeigneten, aber eigentlich nichtssagenden Trunk ergibt. Erst durch das Anreichern mit Alkohol und die anschließende Lagerung verwandelt sich dieser einfache Wein in einen unglaublich komplexen und variantenreichen Tropfen. Zunächst ist aber jeder Sherrygrundwein nach der Gärung erst einmal »trocken«. Je nach der angestrebten Weinart wird nun mit Weingeist, also reinem Alkohol, aufgespritet. Will man einen leichten, hellen Sherry erzielen, so strebt man einen Alkoholgehalt von maximal 15,5 Prozent an. Dadurch kann sich während der Reifung in den nicht ganz aufgefüllten Fässern eine Hefeschicht auf der Weinoberfläche bilden. Diese Schicht legt sich dann wie ein Teppich auf den Wein (der Fachbegriff hierfür lautet treffenderweise »Flor«) und schützt ihn vor Oxidation, der Wein bleibt also wasserhell und frisch. Darüber hinaus sorgt dieser Flor auch für das typische, an Mandeln erinnernde Aroma solcher Sherrys. Einen solcherart gereiften Sherry nennt man »Fino«. Er ist das, was wir in Deutschland als trockenen Sherry kennen.

Bildet sich nun aber die Florschicht während der Fassreifung zurück (oder leitet der Kellermeister diesen Vorgang durch Erhöhen des Alkoholgehalts ein), so beginnt der Sherry eine Bernsteinfarbe anzunehmen, das Aroma wird nussiger und der Körper kräftiger. Diese Sherryart nennt man dann »Amontillado«, auf dem deutschen Markt auch als halbtrockener Sherry bekannt.

Wird vor der Lagerung aber ein Alkoholgehalt von rund 18 Prozent angesetzt, so entwickelt sich überhaupt kein schützender Flor, der Wein wird also bewusst der Oxidation ausgesetzt. Dadurch entsteht ein »Oloroso«, die dunkelste und kräftigste Sherryart, die häufig nach kandierten Feigen, Schokolade und Kaffee duftet. Diese Sherrys bilden dann die Basis für jene süße Variante, die wir als »Cream« kennen. Doch sollte man auch hier keine vorschnellen Verallgemeinerungen anstellen, denn es gibt durchaus auch knochentrockene Amontillados und Olorosos! Das ist möglich, weil der Süßegrad des Sherrys vom Kellermeister vor der Abfüllung beliebig variiert werden kann. Dafür wird aus einer weiteren Rebe, dem Pedro Ximenez, extra ein unglaublich süßer, sehr konzentrierter Wein hergestellt. In seltenen Fällen kann man diesen Wein auch pur verkosten, üblicherweise wird er aber schlicht zum »Abschmecken« der Süße in den zunächst stets »trockenen« Sherryarten genutzt.

Darüber hinaus gibt es übrigens noch zwei weitere Spezialitäten der Sherryproduktion: zum einen den »Manzanilla«, der aus Bodegas in Küstennähe stammt. Er gilt als der leichteste und frischeste Sherry und man sagt ihm nach, man schmecke das mineralische Aroma einer Meeresbrise in ihm. Zum anderen wird man vielleicht auch einmal den seltenen »Palo Cortado« finden, der mit seinem Aroma zwischen einem Amontillado und einem Oloroso liegt.

Die Sherrywelt also auf »trocken, halbtrocken und cream« zu reduzieren, macht die Sache zwar übersichtlicher – der Vielfalt, Individualität und jahrhundertealten Kultur dieses berühmten Weins wird es aber nicht gerecht.

Sonne

Irrtum: **Je mehr Sonne, desto besser für den Wein**

Dass ein guter Wein viel Sonnenschein und schönes Wetter während des Vegetationszyklus braucht, ist allgemein bekannt. Hieraus jedoch die pauschale These aufzustellen »je mehr Sonne, desto besser der Wein« ist – für viele sicher überraschend – ein Irrtum. Dabei müsste eigentlich schon der Blick auf den Globus diese falsche Annahme erschüttern, denn die berühmtesten und besten Anbaugebiete der Weinwelt, seien es nun Bordeaux, Burgund, Piemont, Napa Valley, die Champagne oder auch der Rheingau, liegen gerade nicht in den sonnigsten und heißesten Regionen ihrer Länder, sondern vielmehr in jenen Breiten, in denen zwar durchaus häufig schönes Wetter, aber ein eher moderates Klima herrscht. Der Schlüssel zum Verständnis hierzu liegt im Reifeprozess der Trauben. Denn ein großer Wein ist nicht das Resultat großer Extreme, sondern entsteht nur durch die Ausgewogenheit aller Komponenten. Um diese zu erzielen, braucht es vor allem Trauben, die eine optimale physiologische Reife, also die Balance von Zuckerkonzentration, Säuren und Intensität der Duft- und Aromastoffe, erreicht haben. Und dieser optimale Zustand lässt sich eben weder mit zu wenig noch mit zu viel Sonne herstellen, da der Wein im ersten Fall dünn und säuerlich, im zweiten Fall jedoch übermäßig alkoholisch und durch die Säurearmut geradezu »fett« und plump ausfiele. Dass die Weinrebe eher mildes als extremes Klima schätzt, hat mit der Photosynthese zu tun, also dem Prozess der Umwandlung von Kohlendioxid und Wasser durch Sonnenlicht in Zucker. Dieses biologische Prinzip liegt jedem Pflanzenwachstum zugrunde, beginnt bei etwa 15° C und erreicht bei rund 25° C sein Optimum. Steigt die Temperatur noch weiter, wird nicht etwa noch mehr Zucker produziert, sondern der Rebstock beginnt (ab etwa 30° C) im Gegenteil, den vorhandenen Zucker für eine verstärkte Atmung, also das Aufrechterhalten seiner Lebensfunktionen, zu verbrauchen. Wird es noch heißer und trockener, kann es sogar zu einem völligen Reife- und Wachstumsstopp kommen: Bei starker Hitze schütten die Wurzeln der Rebe ein Stresshormon namens Abscisinsäure aus und bringen somit die Blätter dazu, Wasser zu sparen und ihre Poren zu schließen. Dadurch wird zwar die Wasserverdunstung gestoppt, allerdings kommt auch der Atmungsprozess und damit die Photosynthese weitgehend zum Erliegen. In diesem siestahaften Trägheitszustand kann die Rebe extreme Hitze und Trockenheit ein paar Tage lang schadlos überstehen. Irgendwann jedoch beginnen auch die hartnäckigsten Blätter nach Luft – in diesem Fall also eigentlich nach Kohlendioxid – zu japsen, öffnen also wieder ihre Poren und verlieren dabei wertvolles Wasser, das nun nicht mehr ersetzt werden kann. Die Blätter welken und fallen ab. Dadurch wird die Photosynthese unmöglich, der Lichtschutz für die Trauben entfällt, die Beeren bekommen einen Sonnenbrand und drohen auszutrocknen.

Doch schon bevor es so weit kommt, mobilisiert der Rebstock meist noch seine letzten Kräfte und versucht durch eine hastige Reifebeschleunigung, bei der die Säure veratmet wird, um wenigstens noch ein bisschen Zucker in den Beeren zu sammeln, zumindest die nächste Generation, also seinen eigenen Fortbestand zu sichern. Solche aufgrund extremer Wetterbedingungen »notgereiften« Trauben haben dann oft sehr niedrige Säure- und Zuckerwerte und taugen für die Erzeugung wirklich guter Weine in keiner Weise.

Sortenrein

Irrtum: **Drin ist, was draufsteht**

In Deutschland war rebsortenreiner Wein lange Zeit so etwas wie eine heilige Kuh. Die Verwendung mehrerer Sorten zum Keltern eines Weins wurde oft, jedoch meistens zu Unrecht, mit dem Verdacht der Panscherei belegt. Doch auch die Annahme, beim sortenreinen Wein sei auch immer nur die Sorte drin, die auf dem Etikett steht, ist ein Irrtum. Das deutsche Weinrecht fordert nämlich nur einen Mindestanteil von 85 Prozent der Rebsorte, die auf dem Etikett angegeben ist. Ein Winzer darf seinem Riesling also zum Beispiel durchaus ein paar Prozent Muskateller hinzugeben, um ihm eine zusätzliche Frucht und Vielschichtigkeit zu verleihen – und wenn der Wein dadurch besser wird, so ist es ja auch nicht zum Schaden des Verbrauchers. Allerdings kann diese Regel von weniger qualitätsorientierten Winzern natürlich auch dahingehend ausgenutzt werden, eventuelle Reste, mit denen sie anderweitig nichts mehr anfangen können, in vermeintlich »sortenreine« Weine zu füllen. Wie so oft ist also nicht die Regelung das Problem, sondern das, was die Winzer daraus machen.

→ Verschnitt

Übrigens: Die 85-Prozent-Regel gilt nicht nur für die Rebsorte, sondern auch für den Jahrgang und sogar die Lage. So ist es durchaus erlaubt, 15 Prozent des Weins aus dem Vorjahr mit dem aktuellen Wein zu verschneiden, und man darf einem Wein auch 15 Prozent aus einem benachbarten Weinberg »eingemeinden«.

Wer nun aber die 85-Prozent-Regel bei rebsortenreinem Wein für ein typisch deutsches Hintertürchen hält, befindet sich erneut im Irrtum. Von regionalen Ausnahmen wie zum Beispiel dem deutschen Weißherbst, der tatsächlich sortenrein sein muss, einmal abgesehen, gilt diese Regel nämlich in der gesamten Europäischen Union. Darüber hinaus findet sie in vergleichbarer Weise auch in fast allen großen Weinländern rund um den Globus Anwendung, von Kalifornien über Chile (hier reichen sogar 75 Prozent aus) bis nach Australien.

Spätlese

Irrtum: **Spätlesen sind süß**

Es ist eines der am weitesten verbreiteten Vorurteile über deutschen Wein: Spätlesen sind süß. Zur Richtigstellung ist Folgendes zu sagen: Spätlese ist zunächst einmal nichts anderes als ein Prädikat, also eine zusätzliche Qualitätsstufe für Qualitätswein. Das Weingesetz schreibt hierzu vor, bei *»der Spätlese dürfen nur vollreife Weintrauben verwendet werden, die in einer späten Lese geerntet worden sind«*. Weiterhin muss je nach Rebsorte und Anbaugebiet → Oechsle ein Mindestmostgewicht von 76 bis 90 Grad Oechsle erreicht sein. So viel zur Prädikatsbezeichnung »Spätlese«. Damit ist jedoch noch nichts darüber gesagt, ob dieser Wein süß oder trocken ist. Denn wie er ausgebaut wird, entscheidet ganz allein der Winzer. Eine trockene Spätlese ist dabei keinesfalls eine Ausnahme, sondern vielmehr eine Selbstverständlichkeit. Sogar beim Prädikat »Auslese« ist es durchaus noch möglich, einen trockenen Wein aus den Trauben zu vinifizieren. Davon wird gerade in den südlicheren Anbaugebieten Deutschlands nicht selten Gebrauch gemacht. Vom Prädikat allein auf die Süße des Weins zu schließen, ist also bis zur Stufe der Beerenauslese eigentlich nicht möglich, denn es kommt immer darauf an, was der Winzer aus den Trauben gemacht hat.

Übrigens: Der Definition »aus spät gelesenen, vollreifen Trauben mit mindestens 76 bis 90 Grad Oechsle«, also einem natürlichem Alkoholgehalt von mindestens 10,5 bis 12,2 Prozent, entspricht international gesehen so gut wie jeder große, charaktervolle Wein. Die späte Lese reifer Trauben ist also keinesfalls ein deutscher Sonderfall, sondern bildet überall auf der Welt die Grundlage hochwertiger Weine.

→ PRÄDIKATSWEIN

SPANISCHE ROTWEINE

Irrtum: **Ein Goldnetz um die Flasche ist ein Zeichen von Qualität**

Spanien ist ein ambivalentes Weinland. Zum einen steht es mehr und mehr für internationalen High-Tech-Weinbau mit von Edelstahl, Computern und ultramodernen Geräten strotzenden Kellern und Weingütern in postmodernem Architektur-Design. Zum anderen werden hier aber teilweise seit Jahrzehnten, ja sogar seit Jahrhunderten antiquierte und obsolete Traditionen mitgeschleift, die heute jegliche Daseinsberechtigung verloren haben. Ein typisches Beispiel hierfür sind die kitschigen Netze aus goldfarbenem Draht, die man hin und wieder um die Flaschen spanischer Rotweine gewickelt findet. Obwohl diese Netze auffallend oft bei Weinen mit längerer Fassreifung, also »Reservas« oder »Gran Reservas« auftauchen, ist die oft gehörte Äußerung, das Netz sei ein Zeichen besonderer Qualität, schlichtweg ein Irrtum. Wenn die Bodegas heute noch diese Goldnetze verwenden, dann nur um ein leicht kitschiges Espania-Feeling mit Windmühlen, Paradores und Don Quichotte rüberzubringen. Denn der eigentliche Grund dafür, dass diese Drahtnetze angebracht wurden, ist längst entfallen: Die Weinerzeuger waren früher misstrauisch gegenüber den Händlern und wollten mit den Netzen ihre Flaschen quasi verplomben, so dass der Zwischenhandel sie nicht in betrügerischer Absicht öffnen und den Inhalt strecken oder gar durch Minderwertigeres ersetzen konnte.

Statistik

Irrtum: Italien ist das größte Weinland der Welt

Italien ist schon ein gesegnetes Land: Vom Fuß des Brenners im Norden bis zur Stiefelspitze im Süden, ja sogar bis zu den Inselchen vor der afrikanischen Küste ist es mit einem kaum zu überblickenden

Rebenmeer bedeckt. Keine Region, die nicht über lokale Trauben, Weinstile und Rebkulturen verfügen würde. Dennoch ist die häufig anzutreffende Vermutung, Italien sei das größte Weinland der Welt, ein Irrtum. Ein Blick in die Zahlen (Stand: 2002) der *Internationalen Organisation für Rebe und Wein, OIV*, offenbart einige Fakten, die mit unserer gewohnten Sicht der Weinwelt ein wenig aufräumen. So ist in Bezug auf die bestockte Rebfläche Spanien mit rund 1.202.000 Hektar das mit deutlichem Abstand größte Weinland auf diesem Planeten. Dahinter folgt mit 909.000 Hektar Frankreich und erst auf Platz 3 findet sich Italien mit 872.000 Hektar. Zum Vergleich: Die Rebfläche Deutschlands umfasst rund 103.00 Hektar, also gerade mal ein Zwölftel jener Spaniens. Aber auch die Fläche so manches »exotischen« Weinlands übertrifft die Deutschlands deutlich. So dürfte es sicher manchen überraschen, dass Argentiniens Rebfläche mit 208.000 Hektar ziemlich genau doppelt so groß ist wie die unsere, und Rumänien diese Zahl mit 248.000 Hektar sogar noch einmal eindeutig übersteigt. Ein anderes interessantes Ergebnis bringt auch der Vergleich zwischen den ehemaligen Supermächten: Während die USA über 415.000 Hektar verfügen, beträgt die Gesamtrebfläche auf dem Gebiet der ehemaligen Sowjetunion 585.000 Hektar. Eine weitere, ziemlich kuriose Zahl ist auch die beachtliche Rebfläche von 286.000 Hektar im Iran – diese wird allerdings ausschließlich zur Produktion von Tafeltrauben oder Rosinen genutzt.

Betrachtet man nun aber die Zahlen für die Mengen der tatsächlichen Weinproduktion, so fällt auf, dass Spanien hier mit 36.639.000 Hektolitern nur den dritten Platz hinter Frankreich (50.000.000 hl) und Italien (44.604.000 hl) belegt. Besonders spannend ist nun der Vergleich der Produktionszahlen mit dem Weinkonsum der jeweiligen Länder. Dass die großen Weinnationen mehr exportieren als selbst trinken, dürfte nicht weiter verwundern. Aber wer hätte gedacht, dass der Weinkonsum der Amerikaner, die wir doch alle so gerne für Cola- und Whiskey-Trinker halten, ihre im Inland produzierte Menge sogar um 2.238.000 Hektoliter übersteigt? Übrigens: Das Land mit der weltgrößten Einfuhrmenge an Wein ist – auch wenn dort eigentlich genügend eigene Weine erzeugt werden – Deutschland! Wenn es um Wein geht, sind wir also nicht Export-, sondern vielmehr Importweltmeister.

→ Amerika

Temperatur

Irrtum: **Rotwein trinkt man bei Zimmertemperatur**

Die Empfehlung, man solle Rotwein bei Zimmertemperatur trinken, gehört zum allgemein anerkannten kleinen Einmaleins der Weinkunde – was sie allerdings auch nicht richtiger macht. Denn wenn diese Regel überhaupt einmal einen Sinn ergeben hat, dann zu Zeiten, als Zimmertemperaturen von maximal 18° C bis 19° C herrschten. Die heutigen zentralgeheizten Räume weisen jedoch meist deutlich über 20° C auf und liegen damit in einem Bereich, in dem eigentlich überhaupt kein Wein mehr seine ganze Klasse zeigen kann. Selbst für besonders schwere und reife Tropfen sollte bei 19° C definitiv Schluss sein, denn wenn die Serviertemperatur darüber liegt, tritt der Alkohol viel zu stark in den Vordergrund, was Finesse und Frucht des Weins beeinträchtigt. Grundsätzlich gilt: Je jünger, leichter und fruchtiger ein Rotwein ist, desto kühler darf er serviert werden. Reife, Kraft und Komplexität hingegen sind Indikatoren, die für eine wohlchambrierte Temperatur sprechen. Während also ein leichter deutscher Spätburgunder, ein fruchtiger Portugieser aus der Pfalz oder ein charmanter Schwarzriesling aus Württemberg durchaus kellerfrisch auf den Tisch kommen dürfen, schmeckt ein alter Barolo oder ein wohlgereifter Bordeaux erst bei 19° C ganz vorzüglich. Wenn also beim Wein von Zimmertemperatur die Rede ist, dann sollte man nicht so sehr ans heimische Wohnzimmer denken, sondern eher an mittelalterliche Klosterzellen oder Burgsäle.

Traubenzucker

Irrtum: **Der Zucker in den Trauben ist Traubenzucker**

Es scheint vom Begriff her so naheliegend und manchmal rutscht es selbst Fachleuten heraus – den in reifen Trauben gespeicherten Zucker aber einfach als »Traubenzucker« zu bezeichnen ist schlichtweg falsch. Wie jede Pflanze erzeugt auch die Weinrebe durch Photosynthese aus Licht, Wasser und Kohlendioxid Zucker, und zwar zunächst einmal den sogenannten Zweifachzucker Saccharose, also nichts anderes als das, was wir als Rübenzucker kennen. Die Saccharose dient den meisten Pflanzen als Energie- und Kohlenstofftransportmittel in die Zellen. Zudem wird in Stärke umgewandelte Saccharose als Baustoff für das Wachstum genutzt. In den Zellwänden der Trauben findet sich nun das Enzym Invertase, das die Saccharose in je ein Molekül der Einfachzucker Fructose (also Fruchtzucker) und Glucose aufspaltet. Aus diesem Grund reichert sich dieses Zuckergemisch in den Beeren an. Zu Beginn der Reife hinkt die Zahl der Fructose-Moleküle zwar noch ein wenig hinterher, aber in den reifen Beeren ist das Verhältnis zwischen den beiden Einfachzuckern weitgehend ausgewogen.

Dass nun aber die Glucose im Deutschen – und zwar nur im Deutschen; Engländer, Franzosen und Italiener begnügen sich mit dem Synonym Dextrose bzw. Destrosio – ausgerechnet Traubenzucker genannt wird, ist eher Zufall, da dieser Zucker auch in vielen anderen Früchten und zum Beispiel auch in Honig vorkommt.

Für die Süße eines Weins ist nun entscheidend, wie sich das Fifty-fifty-Verhältnis von Fruchtzucker und Traubenzucker in den Beeren während der Gärung verändert. Die Hefen stürzen sich nämlich zu Beginn der alkoholischen Gärung mit Vorliebe auf die Glucose, also den Traubenzucker. Dadurch steigt der Anteil der Fructose im Restzuckergemisch mehr und mehr an, bis zum Schluss kaum mehr Traubenzucker und fast ausschließlich Fruchtzucker vorhanden ist. Das ist vor allem deshalb von Bedeutung, weil die Fructose um das 1,3- bis 1,8fache süßer schmeckt als die Glucose. Eine weitere besondere Eigenschaft der Fructose ist ihre im Vergleich zur Glucose geringere Bindungsaffinität zur schwefligen Säure. Das macht sich in der Behandlung des Weins mit Schwefel bemerkbar. Denn je höher der Fructoseanteil in einem restsüßen Weins ist, desto weniger schweflige Säure benötigt man, um den Wein zu stabilisieren und vor

➛ Analysewerte

→ Schwefel

Oxidation zu schützen. Übrigens: Wer das genaue Fructose-Glucose-Verhältnis eines Weins wissen möchte, kann dies leider nicht auf dem Etikett ablesen, sondern muss beim Winzer nachfragen.

Trocken

Irrtum: **»Pelzige« Rotweine sind trocken**

Es ist eine sprachliche Seltsamkeit, dass das Wort für »nicht nass« im Weinbereich auch für den Zustand »nicht süß« genutzt wird. Abgesehen von dieser Erkenntnis scheint eine genauere Definition dessen, was man unter »trocken« eigentlich versteht, schon deshalb schwierig, weil dies sehr stark vom persönlichen Geschmacksempfinden abhängt und es hier eher einen sensorischen Korridor als einen genau festgelegten Punkt gibt.

Eines jedoch ist mit »trocken« ganz sicher nicht gemeint: jenes trockene Gefühl am Gaumen, das gewisse kräftige Rotweine erzeugen und das manchmal auch als »pelzig« bezeichnet wird. Diese Eigenschaft des Weins hat nämlich nichts mit der Süße zu tun, sondern geht auf die Gerbsäure zurück. Diese hat eine leicht adstringierende Wirkung, sorgt also dafür, dass sich die Mundschleimhäute zusammenziehen und somit ein trockener Gaumen entsteht.

Unter »trocken« im Sinne der Weinsprache versteht man nun aber schlicht das Gegenteil von süß. Weine, bei denen der Zucker der Trauben während der

Gärung weitgehend in Alkohol umgewandelt wurde – man spricht dann auch von »durchgegorenen« Weinen –, nennt man deshalb »trocken«. Trotzdem enthalten fast alle trockenen Weine noch ein wenig Restsüße. Das hat zwei wesentliche Gründe: Zum einen ist es gärungstechnisch meist gar nicht möglich, den natürlich enthaltenen Zucker vollständig in Alkohol umzuwandeln, zum anderen ist das im Sinne der geschmacklichen Balance oft auch gar nicht sinnvoll. Der Gesetzgeber erlaubt bei einem trockenen Wein maximal 9 Gramm Restzucker pro Liter, wobei die Gesamtsäure nicht niedriger als 2 Gramm unter dem Restzuckerwert liegen darf. Mit dieser Regelung wird der Tatsache entsprochen, dass säurebetonte Weine auch bei einem hohen Restzuckergehalt noch deutlich trockener schmecken können als säurearme Tropfen. Es existiert also keine festgelegte Grenze, ab wann ein Wein sensorisch tatsächlich als »trocken« wahrgenommen wird, es gibt vielmehr einen fließenden Übergang, der je nach Weinart sehr unterschiedlich sein kann.

→ Analysewerte

Überseeweine

Irrtum: **Der Transport macht Überseeweine teuer**

Die Globalisierung ist in der Weinwelt schon längst zur Normalität geworden. Wie selbstverständlich haben wir als Verbraucher seit vielen Jahren Zugriff auf Weine aller Herren Länder, egal ob sie nun von diesem Erdteil oder aus der sogenannten »Neuen Welt« stammen. Dieser ungehinderte Zugang zur globalen Weinwelt mag aber auch manchen etwas erschrecken – mit dieser Furcht lassen sich zumindest einige Zweifel am weltweiten Weinangebot erklären. So wird häufig der Verdacht geäußert, man müsse bei Weinen aus Übersee gar nicht so sehr die Weinqualität an sich, sondern vielmehr zum großen Teil den Transport bezahlen. Weiter wird argumentiert, man bekomme für sein Geld weniger Leistung, weil ja die Fracht den größten Teil der Kosten ausmache und nicht die Weinerzeugung. Wer so etwas behauptet, unterschätzt allerdings die Effizienz der modernen Container-Logistik. Während nämlich Weinsendungen innerhalb Europas meist palettenweise in Lastwagen transportiert werden, kommen Überseeweine fast ausschließlich in Containern auf dem Seeweg zu uns. Dadurch werden die Transportkosten im Vergleich erheblich minimiert. Besonders deutlich wird dies, berechnet man die Kosten pro Flasche. So ist es zum Beispiel für einen Importeur aus Süddeutschland je Flasche tatsächlich billiger, einen Container aus Südafrika einzuführen (und zwar inklusive der Kosten vom deutschen Hafen bis in sein Lager!), als fünf Paletten aus Frankreich oder Spanien liefern zu lassen. Und wenn ein deutscher Winzer 60 Flaschen Wein innerhalb des Landes verschickt, beispielsweise von seinem Weingut in Würzburg zum Kunden nach Frankfurt, so entstehen ihm pro Flasche in etwa dieselben Kosten wie dem obengenannten Importeur für den Container von Kapstadt nach München.

Uruguay

Irrtum: **... da gibt's doch nur Rinder**

Während chilenische Weine auch bei uns schon eine Selbstverständlichkeit geworden sind und die argentinischen Erzeugnisse sich gerade anschicken, es ihnen nachzutun, herrscht über das dritte klassische Weinland Südamerikas noch weitgehend völlige Unkenntnis. »Uruguay? Da gibt's doch nur Rinder« ist ein Irrtum, der dringend der Aufklärung bedarf. Der Weinbau des am Rio de la Plata gelegenen Landes, das bei uns eigentlich eher durch die häufige Teilnahme seiner – meist rustikal zu

Werke gehenden – Fußballnationalmannschaft an Weltmeisterschaften bekannt ist, geht hauptsächlich auf baskische Einwanderer zurück, die sich dort im 19. Jahrhundert niederließen. Im Gepäck hatten sie nicht nur ihre Kenntnisse vom Weinbau, sondern auch ihre in der alten Heimat liebgewordenen Rebsorten. Eine davon, der Tannat, also jene Rebe, die in Südwestfrankreich so charaktervolle Rotweine wie den bekannten Madiran liefert, fühlte sich im warmen und mit ausreichenden Niederschlägen gesegneten Klima Uruguays besonders wohl. Und so finden sich heute in den über das ganze Land verteilten, meist jedoch um die Hauptstadt Montevideo konzentrierten Weinbergen bereits mehr Rebstöcke dieser Sorte als in ihrer alten europäischen Heimat. Ganz im Gegensatz zu den oft schmeichlerischen Cabernets aus Chile sind die kraftvollen Tannat-Rotweine Uruguays eher herzhafte und würzige Naturburschen, die noch viel mehr an den Weinstil der »Alten Welt« erinnern als die Fruchtbomben, die auf der anderen Seite der Anden erzeugt werden. Aus diesem Grund gibt es tatsächlich einen Zusammenhang zu den vielen Rindern in Uruguay: Die Tannat-Rotweine dieses Landes passen einfach perfekt zu einem saftigen Rib-Eye-Steak.

USA

Irrtum: **Alles »big« in USA**

Sie heißen Groth, Bryant und Grace Family, Colgin Cellars, Harlan Estate, Dalla Valle Maya oder Screaming Eagle – Namen, die unter amerikanischen Weinfreaks absoluten Kult-Status genießen. Hierzulande sind sie jedoch nur wenigen Kennern geläufig – und selbst die haben noch nicht viele davon getrunken. Kein Wunder, findet doch die neue Rotweinelite Kaliforniens nur im seltensten Fall den Weg in die »Alte Welt«. Denn entgegen der verbreiteten Annahme, in Amerika sei alles »zwei Nummern größer«, werden die in den 90er Jahren entstandenen High-End-Weine Kaliforniens meist von winzigen, aber auf Perfektion getrimmten Weingütern erzeugt, die ein sehr spezielles und ausgeklügeltes Vertriebssystem haben. Diese treffend »Boutique-Wineries« genannten Betriebe stellen oft nur ein paar hundert Kisten eines Weins her und stehen damit im krassen Gegensatz zu Giganten wie Gallo oder Beringer, die zu den größten Weingütern der Welt zählen. Eine der kleinsten unter diesen Boutique-Wineries ist Screaming Eagle. Als die Besitzer Tony Bowden und Heidi Peterson mit dem 92er ihren ersten Jahrgang präsentierten, wurden gerade mal 2100 Flaschen abgefüllt. Diese waren aber, ebenso wie die der Folgejahre, von einer solch überragenden Qualität, dass die Preise auf dem Weinmarkt für eine Flasche auf bis zu über 1000 Euro explodierten – falls überhaupt je eine davon angeboten wurde. So gilt Screaming Eagle heute nicht nur als einer der besten und teuersten Rotweine der Welt, er ist auch ohne Frage einer der rarsten.

Die meisten dieser Boutique-Wineries verkaufen ihre Weine über eine Mailing-Liste. Wer das Glück hat, das Weingut frühzeitig nach seiner Gründung entdeckt zu haben und so zu den Stammkunden der ersten Stunde zu zählen, oder wer über beste Beziehungen zu den Besitzern verfügt, wird einmal jährlich angeschrieben. Dem Kunden wird dann mitgeteilt, wie viele Flaschen er dieses Jahr kaufen *darf*. Wer es nur einmal unterlässt, sein Kontingent zu beziehen, wird von der Mailing-Liste gestrichen und ein Anwärter rückt für ihn nach. Und die Nachfrage nach diesen Listenplätzen ist gigantisch. Hinter vorgehaltener Hand wird schon von »Ablösezahlungen« im 5-stelligen Dollar-Bereich gemunkelt, die geboten wurden, um einen Listenplatz übernehmen zu dürfen. Im Land der unbegrenzten Möglichkeiten ist also offensichtlich auch beim Wein alles möglich: Gigantische Weinfabriken für die Massenerzeugung und winzige Ultra-Luxus-Weingüter für die Keller der Superreichen.

Verschnitt

Irrtum: **Verschnittweine sind gepanscht**

Es ist ein seltsames Paradox: Obwohl der überwiegende Teil der größten Weine der Welt aus einer Mischung verschiedener Grundweine erzeugt wird, galt bei uns die Reinsortigkeit lange als ein Qualitätsmerkmal an sich. Somit hatte alles, was davon abwich, schnell den Ruf des Dubiosen inne. Es ist jedoch ein schwerer Irrtum zu glauben, Verschnittweine seien grundsätzlich »gepanscht«. Ganz im Gegenteil: Bei vielen berühmten und renommierten Weinarten ist das gekonnte Zusammenstellen und »Vermählen« unterschiedlicher Partien ein maßgeblicher Arbeitschritt bei der Weinbereitung, der nicht nur große Kennerschaft, sondern auch jahrelange Erfahrung des Kellermeisters voraussetzt. Die Fähigkeit zu antizipieren, wie sich verschiedene Teile später zu einem harmonischen Ganzen zusammenfügen werden, gilt als große Kunst und ist durchaus mit der Komposition eines Musikstücks mit verschiedenen Instrumenten und Stimmen zu vergleichen. Ziel des Verschneidens bestimmter Ausgangsweine ist es stets, eine Synergie der einzelnen Teile zu erreichen. Die verschiedenen Partien

➛ Sortenrein

→ Apellation

werden so miteinander kombiniert, dass sie sich in ihren spezifischen Eigenschaften gegenseitig ergänzen und somit das Ganze mehr ist als die Summe der Einzelteile. Besonders deutlich wird dies bei den großen Rotweinen aus Bordeaux, die aus bis zu fünf verschiedenen Rebsorten zusammengestellt werden. Der Erfolg des Verschneidens zeigt sich aber auch beim Champagner, der üblicherweise aus drei Sorten komponiert wird: Hierbei sorgt der Chardonnay für Rasse und Finesse, während der Pinot Noir Frucht und Körper beiträgt und der Pinot Meunier schließlich eine besondere Würze und zusätzliche Dimension liefert.

Doch selbst bei zunächst scheinbar »reinsortigen« Weinen, also solchen, die nur aus einer Rebsorte gekeltert werden, ist das Verschneiden eine oft praktizierte Selbstverständlichkeit. Da sich nämlich jedes Fass im Keller, auch wenn es anfangs mit demselben Wein befüllt wurde, anders entwickelt und einen eigenen Charakter ausbildet, wird bei besonders qualitätsbewussten Winzern am Ende des Ausbaus keinesfalls alles zu einem Wein zusammengelegt, sondern ganz im Gegenteil genau erwogen, wie viel aus welchem Fass genommen wird, um den fertigen Wein zu komponieren.

Wenn nun aber die »Reinsortigkeit« bei uns trotz allem noch als Wert an sich gesehen wird – so als sei ein mit nur einer Farbe gemaltes Bild grundsätzlich besser als ein mehrfarbiges –, dann mag das auch daran liegen, dass wir unsere Weine üblicherweise nach der Sorte benennen. Dies ist jedoch international gesehen eher eine Ausnahme. Vielleicht liegt das Insistieren auf der Reinsortigkeit aber auch daran, dass das Wort »Verschnitt« in der deutschen Sprache einen so harten, bösen Klang hat. Die Franzosen sind da, wie so oft, viel lyrischer und sprechen von der »Assemblage« oder gar »Mariage« und nennen das Endprodukt stolz »la Cuvée«.

W

Wahrheit

Irrtum: **Im Wein liegt Wahrheit**

... der größte Irrtum von allen. Deshalb dieses Buch.

Weinsäure

Irrtum: **Die Säure im Wein ist Weinsäure**

→ Traubenzucker

Die Annahme, die Säure im Wein sei Weinsäure, mag sprachlich gesehen zwar ganz logisch erscheinen, dennoch kann sie so nicht stehen bleiben: Denn tatsächlich findet sich im Wein nicht nur eine, sondern eine große Vielfalt verschiedener Säuren, und ein Teil des Geheimnisses der Komplexität des Weins liegt in eben dieser Fülle begründet. Zwar prägen hauptsächlich Wein- und Apfelsäure das Geschmacksbild des Weins, doch erst die zahlreichen anderen natürlichen Säuren von der Milchsäure bis hin zur Bernsteinsäure runden es zu seiner Vollkommenheit ab. Dennoch darf dabei die große Rolle, die die beiden erstgenannten und ihr Verhältnis zueinander spielen, nicht unterschätzt werden. Werfen wir deshalb einen genaueren Blick auf diese beiden Säuren. Die Apfelsäure schmeckt, wie der Name vermuten lässt, ziemlich knackig und in gewisser Weise »grün«. Die Weinsäure hingegen wirkt deutlich feiner und reifer. Überwiegt zu Beginn der Traubenreife noch die Apfelsäure, so gewinnt mit zunehmender physiologischer Reife die subtilere Weinsäure die Oberhand. Deshalb ist es für die Winzer im Herbst enorm wichtig, nicht nur den Zuckergehalt und die Höhe der Gesamtsäure in den Trauben, sondern auch das Verhältnis von Apfelsäure und Weinsäure zu kennen, um den richtigen Lesezeitpunkt bestimmen zu können. Generell wird hier ein möglichst hoher Anteil der feineren und bekömmlicheren Weinsäure angestrebt. Ein gewisses Maß an Apfelsäure schadet jedoch keinesfalls und verleiht dem Wein einen Touch Rasse und Frische. Allerdings gibt es auch Weine, bei denen man gerne, so gut es geht, auf die Apfelsäure verzichtet. Darunter fallen fast alle Rotweine und mildere, weichere Weißweine wie zum Beispiel viele Chardonnays. Hier erwartet man Geschmeidigkeit und seidige Textur, die knackige Art der Apfelsäure wäre deshalb fehl am Platz. Aus diesem Grund werden diese Weine beim Ausbau einer sogenannten malolaktischen Gärung unterzogen. Hierbei schließt sich an die durch die Hefen bewirkte alkoholische Gärung eine kurze weitere Gärphase an, in der Milchsäurebakterien die harte Apfelsäure auf ganz natürliche Weise in die weitaus mildere Milchsäure umwandeln.

→ Oechsle

Übrigens: Die Säuren des Weins sind nicht einfach nur »sauer«, sondern tragen maßgeblich zur Hebung der Aromen bei. Darüber hinaus verestern sich die Säuren im Laufe der Flaschenreifung zu neuen, aromatischen Verbindungen. Ohne sie würde der Wein also fad und langweilig schmecken. Das beste Beispiel ist unser deutscher Riesling. Wird er nämlich entsäuert und säurearm ausgebaut, verliert er all seine Duftigkeit und geschmackliche Brillanz. Und nicht zuletzt spielen die Säuren in Bezug auf die Lagerfähigkeit eine entscheidende Rolle und tragen daneben maßgeblich zur Bekömmlichkeit des Weins bei.

Weinstein

Irrtum: **Weinstein ist ein Zeichen besonderer Qualität**

Um die kleinen Kristalle am Boden mancher Weinflaschen kursieren die abenteuerlichsten Legenden. Die Vermutungen reichen dabei von gefährlichen Glassplittern bis zu wertvollen Weindiamanten. Doch so spannend diese Geschichten auch sein mögen: Der Weinstein ist weder ein Mangel noch ein Zeichen besonderer Qualität. Bei dieser kristallinen Ausfällung handelt es sich meist schlicht um das mit Kalium gebildete Salz der Weinsäure, auch Kaliumtartrat genannt. Dieses natürlich vorkommende Kalisalz ist im Traubensaft normalerweise gut gelöst, weist aber im Wein, der profan gesagt ja hauptsächlich ein Gemisch aus Wasser und Alkohol

→ Weinsäure

ist, eine deutlich geringere Löslichkeit auf. Deshalb schlägt sich ein Teil davon während des Ausbaus üblicherweise an den Innenwänden der Fässer nieder. Doch auch noch Monate oder sogar Jahre nach der Abfüllung kann eventuell noch im Wein vorhandenes Kaliumtartrat in der Flasche zu Weinstein führen. Dies geschieht übrigens meist dann, wenn die betreffenden Flaschen sehr kalt gelagert wurden. Diese Weinsteinbildung in der Flasche beeinträchtigt jedoch den Geschmack in keiner Weise und ist auch kein, wie häufig irrtümlich behauptet wird, Zeichen besonderer Qualität.

ZUSATZSTOFFE

Irrtum: **Manche Weine enthalten geheime Zusatzstoffe**

Angesichts der Meldungen über Lebensmittelskandale ist eine gewisse Skepsis der Konsumenten zwar durchaus verständlich, aber die Vermutung, manche Weine enthielten »geheime Zusatzstoffe«, ist – zumindest was Weine europäischer Herkunft betrifft – schlichtweg unbegründet. Ganz im Gegenteil: Was während der Weinbereitung zugesetzt werden darf oder welche Stoffe in welcher Höchstmenge im fertigen Wein enthalten sein dürfen, ist mit geradezu preußischer Genauigkeit gesetzlich geregelt. Grundsätzlich schützen heute drei Institutionen die Weinliebhaber in Deutschland vor unerlaubter Panscherei böswilliger Kellerteufel. Dabei bildet das deutsche Weingesetz eher das grobe Gerüst, während die dazu erlassene Weinverordnung schon sehr viel genauer ins Detail geht und die allumfassende europäische Verordnung »EG 1493/1999« mit ihrem in der deutschen Fassung über hundertseitigen Umfang schließlich keinerlei undefinierte Grauzonen oder Spielräume für dunkle Machenschaften in finsteren Kellern offen lässt. Interessant an dieser für die gesamte Europäische Union geltenden Direktive ist, dass sie nicht wie ein Strafgesetzbuch aufzählt, was verboten ist, sondern umgekehrt ausdrücklich nennt, was erlaubt ist. Das klingt zwar nicht sehr liberal, hat aber einen großen Vorteil: Auch Zusätze oder Verfahren, von denen der Gesetzgeber und die Öffentlichkeit noch nichts wissen, sind dadurch automatisch zunächst einmal verboten – einfach deshalb, weil sie ja nicht ausdrücklich im Verordnungstext erwähnt und erlaubt werden. Wenn nun also ein Winzer tatsächlich ein geheimes Wundermittelchen als Zusatz zu seinem Wein erfunden hätte, so könnte er sich nicht damit rausreden, dass dieses Mittel in keinem Gesetz als verboten aufgeführt sei.

Trotz dieses restriktiven Tenors der Verordnung erscheint die Liste der bei der Traubenverarbeitung zugelassenen Stoffe für den Laien zunächst allerdings schon ein wenig wie ein Kochrezept aus Frankensteins Labor. Bei genauerem Hinsehen verbergen sich hinter all den chemischen Begriffen des *»Verzeichnisses der zugelassenen önologischen Verfahren und Behandlungen«* jedoch keinerlei Zaubermittel, sondern schlicht das Einmaleins der üblichen Kellerwirtschaft. Was man tatsächlich während der ➛ Schwefel Weinbereitung zusetzen darf, ist grob gesagt: Schwefel zur mikrobiologischen Stabilisierung und zum Schutz vor Oxidation. Ferner dürfen dem Wein Hefen und Mineral- bzw. Nährstoffe zur Förderung der Hefebildung (beispielsweise Ammoniumsulfat), Weinsäure im zugelassenen Rahmen oder umgekehrt Stoffe zur Entsäuerung des Weins wie zum Beispiel Kalziumkarbonat sowie Sorbinsäure in Form von Kaliumsorbat zur Unterdrükkung unerwünschter Hefen zugefügt werden.

Nicht ganz so geläufig, aber ebenfalls zugelassen sind darüber hinaus ein PVPP genanntes Präparat zur Stabilisierung der Farbe sowie aus Heferinden gewonnene natürliche Proteine, die die haptische Geschmeidigkeit des Weins verbessern. Zur Förderung einer malolaktischen Gärung dürfen darüber hinaus auch Milchsäurebakterien zugegeben werden, oder aber, will man diese spezielle Gärung unbedingt verhindern, ein Enzym namens Lysozym, das deren Entwicklung im Jungwein hemmt.

→ WEINSÄURE

Auch die Stoffe, die zur Klärung des Weins verwendet und später mit dem Trub (den trübenden Schwebestoffen) größtenteils wieder ausgeschieden werden, sind detailliert und erschöpfend niedergeschrieben; sie reichen von jahrhundertealten Klassikern wie Hausenblase, Kasein oder Kaolinerde bis zu modernen, synthetisch hergestellten Enzymen. Ein wenig kurios, dafür aber von seiner Genauigkeit zeugend legitimiert das EU-Papier übrigens auch ausdrücklich den Zusatz von *»Aleppokiefernharz«* für griechischen Retsina sowie die Verwendung von Holzkohle zur Adsorption von Geschmacksfehlern.

Wer nun aber meint, diese Verordnung aus dem fernen Brüssel sei für die Winzer vor Ort nur ein geduldiges Stück Papier, der täuscht sich gewaltig. Die Einhaltung der Vorschriften zur Erzeugung und *»Inverkehrbringung«* von Wein wird nämlich durch staatliche Kontrolleure mit teilweise polizeilichen Befugnissen in den Anbaugebieten selbst überwacht. Bei unangemeldeten Kontrollbesuchen wird das Kellerbuch – zu dessen Führung die Winzer verpflichtet sind und in dem sämtliche Behandlungen der Weine bis zur Abfüllung vermerkt werden müssen – ebenso geprüft wie die hygienischen Verhältnisse in der Kellerei. Zudem werden bei Verdachtsmomenten auch Proben zur labortechnischen Analyse genommen.

Freilich, einige schwarze Schafe wird es dennoch immer geben. Ein verbreitetes Schummeln mit etwaigen »geheimen Zusätzen« im Wein kann jedoch für den Raum der EU definitiv ausgeschlossen werden.

10 Irrtümer beim Wein-einkauf

Teurer Wein muss einfach gut sein

Genau auf diese Einstellung spekulieren jene Erzeuger, die Durchschnittliches teuer verkaufen wollen. Andersherum wird eine Wahrheit draus: Wirklich guter Wein kann nie wirklich billig sein.

Schraubverschluss ist nichts für Kenner

Das mag früher einmal gegolten haben. Alternative Verschluss-Systeme setzen sich nun aber immer stärker auch bei hochwertigeren Weinen durch. Es kommt also drauf an, was drin ist – und nicht womit die Flasche verschlossen wurde.

»Der wird immer gern genommen« ist eine qualifizierte Empfehlung

Dieser Spruch ist keine Empfehlung, sondern heißt übersetzt: »Ich habe eigentlich keine Ahnung und die individuellen Wünsche der Kunden sind mir egal.«

Auf den Jahrgang kommt es an ...

... aber viel wichtiger ist der Erzeuger: Ein guter Winzer bekommt auch in einem kleineren Jahr etwas Schmackhaftes hin. Seinem dilettierenden Kollegen wird aber selbst in einem Traumherbst nichts wirklich gelingen.

Trockener Wein ist besser als süßer

Die Geschmacksrichtung sagt noch lange nichts über die Qualität aus. Oder sind blaue Autos etwa besser als rote?

Französische und italienische Weine sind besser als deutsche

Francophiler Snobismus oder Italo-Scheuklappen sind passé. Deutsche Spitzengewächse haben längst wieder ihren berechtigen Platz unter den großen Weinen der Welt eingenommen.

»In dubio Prosecco«

Die Trend-Brause aus dem Veneto hat als Allzweckwaffe ausgedient. Kenner wissen auch hier längst Billig-Sprudler von seriöser Qualität zu unterscheiden.

Neue-Welt-Weine sind Industrie-Weine

Mag schon sein, dass einfache Massenweine aus Amerika und Australien in industriellem Maßstab erzeugt werden. Aber hierin unterscheiden sie sich in keiner Weise von solchen Weinen aus Europa. Der europäische Marketing-Mythos vom »handwerklichen« Wein der alten Welt ist ein Märchen.

Preismünzen bürgen für Qualität

Durch die inflationäre Vergabe des Edelmetalls haben diese Dinger längst einen großen Teil ihrer Aussagekraft verloren.

Hoch gepriesener Wein schmeckt immer gut

Es ist ein großer Irrtum zu glauben, dass ein von Experten hoch bewerteter Wein automatisch auch jedem gut schmeckt. Die Kritiker (zumindest die seriösen) versuchen die objektive Weinqualität zu bewerten. Ob der Wein dann aber einem auch persönlich genauso gut schmeckt, steht auf einem anderen Blatt. Deshalb: Punkte, Noten und andere Bewertungen können ein Anhaltspunkt sein, doch letztlich ist die eigene Zunge entscheidend.

Register

A

B

C

D

E